Heloisa Bernardes

A beleza
na ortomolecular

Heloisa Bernardes

A beleza
na ortomolecular

Conheça todos os segredos e benefícios
dos bioidênticos vibracionais

)|(Academia

Copyright © Heloisa Bernardes, 2012

Preparação: Norma Marinheiro
Revisão: Flávia Yacubian
Diagramação: Balão Editorial
Capa e projeto gráfico: Mauro C. Naxara e Vinicius Rossignol
Imagem de capa: ©Shutterstock.com / Subbotina Anna

Cip-Brasil. Catalogação-na-Fonte
Sindicato Nacional dos Editores de Livros, RJ

B444b

Bernardes, Heloisa, 1944-
A beleza na ortomolecular / Heloisa Bernardes. - São Paulo : Planeta, 2012.
224p. : 21 cm

Inclui bibliografia
ISBN 978-85-7665-890-0

1. Tratamento ortomolecular. 2. Suplementos dietéticos. 3. Saúde. 4. Nutrição. I. Título.

12-3759. CDD: 615.854
CDU: 615.874.25

2012
Todos os direitos desta edição reservados à
Editora Planeta do Brasil Ltda.
Avenida Francisco Matarazzo, 1500 – 3º andar – conj. 32B
Edifício New York
05001-100 – São Paulo-SP
www.editoraplaneta.com.br
vendas@editoraplaneta.com.br

Dedicatória

Dedico este livro a meu inesquecível mestre Gualdim Redol.

Hoje, passados 20 anos, sinto-me feliz em lembrar de suas palavras ao apresentar-me a alguns alunos: "Esta é Heloisa, uma aluna que superou o mestre".

Em 1991, quando lancei meu primeiro livro, não imaginava que a oportunidade de dividir conhecimentos me levaria a escrever 11 livros. Este é um *remake* atualizado e amplificado do título *Oligoelementos em estética*, prefaciado por Gualdim Redol.

Quando morei em Portugal, minha vida profissional mudou consideravelmente depois que o conheci.

Redol passou incontáveis horas ensinando-me tudo sobre oligoterapia. Estava sempre disponível para fornecer as últimas informações e explicações sobre o mecanismo dos minerais, nutrientes e suplementos. Seu conhecimento e sua habilidade didática foram simplesmente inestimáveis.

Ele foi minha principal fonte para a compreensão sobre a influência dos minerais na saúde e na beleza.

Sou muito feliz por ter feito parte de seu círculo de amizades durante vários longos anos e por ter participado de sua vida familiar, além de ter desfrutado de seu conhecimento.

Após seu falecimento, retornei a Lisboa com um grupo de alunos. Fiquei emocionada ao ver o Laboratório Biocol, herdado por sua filha Gabriela, e hoje remodelado, amplificado e com grande sucesso. Quero manifestar minha gratidão a Gabriela e a toda a sua equipe, que perpetuaram o trabalho de Gauldim Redol e que continuam me dispensando o mesmo carinho e atenção que marcaram minhas inúmeras idas a Portugal.

A todos, meu muito obrigada.

Agradecimentos

Agradeço a Deus por ter me dado o interesse pela pesquisa e a sorte de encontrar em meu caminho pessoas que enxergaram para além de mim mesma.

Sumário

Prefácio **14**
Apresentação **16**

1. A ciência em prol da beleza **18**
   Íons **18**
   Oligoelementos – minerais iônicos **19**
   Surge o método biovibracional **20**
   Oligoelementos, bioidênticos e o método biovibracional **21**

2. Os Bioidênticos e a pele **22**
   Origem dos cosméticos biovibracionais **22**
   Quelação **23**
   Minerais quelantes **24**
   Alimentos quelantes **25**
   Quelação oral com nutrientes **26**
   Metais pesados: os grandes viloes **26**

3. A terapia dos minerais bioidênticos **29**
   Definição bioquímica **30**
   Atividades dos bioidênticos **31**
   Fonte de elementos bioidênticos **32**
   Transformação de elementos em íons **32**

4. Diáteses 35
Diátese segundo Ménétrier 35
Características das quatro diáteses estudadas
por Jacques Ménétrier 36
I – Diátese ácida reduzida (jovem) 36
II – Diátese ácida oxidada (velha) 36
III – Diátese alcalina reduzida (jovem) 37
VI – Diátese alcalina oxidada (velha) 37
V – Síndrome endócrina 38
Teste suas carências de biominerais bioidênticos 38
Correção da diátese – Ácidas/Alcalinas 42
Os cosméticos carregados de íons 43

5. As surpreendentes matérias-primas dos cosméticos 45
Aquaporina 45
Células-tronco – a genocosmética 46
Uma maçã poderosa 48
Fatores de crescimento 49
Neurocosméticos, os ativos do século XXI 51
Matérias-primas valiosas 52
Ouro, o metal da beleza 53
Fonocosmética, o preenchimento da pele através do som ... 54

6. Hormônios bioidênticos 56
Hormônios e neurotransmissores – mensageiros das emoções 56
Tratamentos naturais X bioidênticos 61
Modulação hormonal 61
Hormônios – alternativas fitoterápicas 62
Tratamento pré-menopausa e tensão pré-menstrual – 65
Curiosidade 65
Squalene: a gordura do bem 66

7. *Alta biologia* **71**
   Cosméticos bioidênticos vibracionais – Bio-Vibra **72**
   Modo de administrar os minerais bioidênticos **73**
   Linha facial Bio-Vibra **74**
   Linha corporal Bio-Vibra **79**
   Uso em cabine – para aplicação com aparelhos **83**
   Tratamentos de emagrecimento com aplicação
   do sulfato de magnésio **84**

8. *A pele e os tratamentos* **86**
   A pele **86**
   Epiderme **87**
   Derme **87**
   Hipoderme **87**
   Problemas de pele **88**
   Cuidado com os olhos **90**
   Cabelo **91**
   Flacidez facial **97**
   Flacidez no formato do rosto **98**
   Cápsula de beleza **99**
   Acne e os minerais bioidênticos **102**
   Algumas vitaminas são necessárias para complementar
   a alimentação, nomeadamente B, C e E **103**
   Celulite e circulação **107**
   Indicação de suplementos **109**
   Hidratação de pele madura **110**
   Cosméticos injetáveis **111**
   Células germinativas – células-tronco para rejuvenescimento **111**
   Glossário de ativos para beleza **113**
   Manchas **117**

Bronzeamento 121
Estrias... 126
Alergias.. 127
Psoríase.. 128
Lúpus 130
Vitiligo... 132

9. Procedimentos com aparelhos 135
O laser e os problemas cutâneos 135
O laser no tratamento das manchas.. 136
Laser para eliminar pelos 137
O laser no combate ao envelhecimento 137
Laser fracionado ablativo 138
Infravermelho para tratar a flacidez.. 138
Lifting eutrófico 140
Fim da gordura localizada... 141

10. Emagrecer a qualquer preço... 143
Dietas 145
Os segredos do emagrecimento 146
Dieta do dr. Robert Atkins 146
O que você encontra em cada alimento..................................... 151
Dieta de Dukan.. 156
Dieta do tipo sanguíneo.. 159
Dieta da banana matutina 162
Dieta das 3 horas... 164
Dieta do chá verde.. 166
Dieta da lua.. 168
Dieta do shake... 170
Exercícios – acelerando o processo de emagrecimento 175
Os alimentos e suas calorias... 178

11. Tratamento para reduzir medidas **180**

    Cristais de magnésio + hidratante corporal Bio-Vibra **180**

    Dicas que ajudam a otimizar o emagrecimento
    e o rejuvenescimento **181**

    Glossário de ativos **191**

12. Suplementos nutricionais **203**

    Coenzima Q10 – o combate das gorduras e o aumento da energia **203**

    Obesidade **204**

    Pholiamagra **205**

    Sinergia vitaminas e oligoelementos **206**

13. Receitas caseiras de beleza **209**

    Creme nutritivo básico **209**

    Esfoliante para as áreas ásperas **209**

    Esfoliante iluminador **209**

    Máscara revitalizadora **210**

    Creme nutritivo para as mãos **210**

    Loção de geleia real **210**

    Creme nutritivo de mel e glicerina **210**

    Máscara para pele com acne **211**

    Máscara de amêndoas **211**

    Sabonete líquido de eucalipto **211**

    Alimentos para a longevidade **212**

    Aliados da pele bonita **213**

    Sugestões de fórmulas **214**

    Sinergia **215**

Posfácio **218**

Bibliografia **221**

Prefácio

Pouco depois de ter conhecido Heloisa Bernardes, em Lisboa, apercebi-me que estava perante uma profissional de saúde e estética fora do comum, hoje, é minha convicção que esta senhora é das profissionais mais brilhantes que tenho encontrado.

A sua inteligência natural e o seu espírito inventivo conduziram Heloisa, após alguns preliminares de introdução à oligoterapia, à pesquisa na aplicação de modo prático dos oligoelementos na terapia da saúde e estética.

A coletânea reunida nesta obra, e na qual releio textos meus, constitui matéria muito útil para quantos dedicam a sua vida a cuidar do seu semelhante.

Aproveito o ensejo para homenagear, na pessoa de Heloisa Bernardes, os profissionais de saúde e estética de modo geral e em particular todos aqueles que lutam pelo reconhecimento da utilidade de sua profissão exercida com competência e acrescento que, pela minha parte, defendo que o terapeuta de saúde e estética deveria ser iniciado em dietética, o que seria de grande utilidade para a saúde pública, pois ele poderia prodigalizar conselhos de nutrição de que as populações estão carentes.

Para terminar deixarei para vossa reflexão: "A gente vive conforme come".

Gualdim Redol
(publicado no livro *Oligoelementos em estética*, 1992)

Apresentação

Pretendo com este livro mostrar a evolução da oligoterapia, que preconiza o equilíbrio por meio de uma tecnologia que há 20 anos vem se atualizando. Hoje, podemos encontrar os oligoelementos não só para uso medicinal, mas também para fins cosméticos, numa simbiose com substâncias preciosas, como ouro, prata, cobre, opala, silício, pérolas, diamantes, que dão condições iônicas para ativar seus princípios: células-troncos vegetais, aquaporinas, fator de crescimento, neurocosméticos, todos em forma livre vibracional que despertará os seus próprios recursos para o relançar de sua beleza.

Nesses anos todos, tive a meu lado uma grande amiga: Eliane Magalhães, farmacêutica e mestre em dermocosmética pela Universidade de Paris, que me auxiliou na formulação de produtos ortomoleculares para um importante laboratório.

Eliane me propôs um grande projeto para colocar em prática todos os conhecimentos que eu adquirira nessas duas décadas. Coincidindo com a minha editora, que, perante o sucesso do livro *O que a dieta ortomolecular pode fazer por você*, solicitou que escrevesse outro sobre terapia ortomolecular na beleza.

Assim surgiu um livro e uma linha de cosméticos biovibracionais baseados no princípio da terapia ortomolecular de equilíbrio por meio da pele.

CAPÍTULO 1
A ciência em prol da beleza

Estou fascinada com as recentes descobertas envolvendo energia e estética. Sempre acreditei que os oligoelementos seriam o futuro da cosmética, por isso venho há anos desenvolvendo pesquisas e tratamentos a partir da introdução de íons na pele.

Íons

Muitas pessoas ainda desconhecem a palavra íon. De fato, faz pouco tempo que os íons ganharam importância e até um símbolo de controle de qualidade quando usados em tratamentos cosméticos – que vão desde linhas destinadas a cuidados com os cabelos até aparelhos transmissores de íons.

Os íons são átomos que ganharam ou perderam um ou mais elétrons e por isso denominados positivos ou negativos. A pele e o cabelo são normalmente carregados de cargas positivas e negativas. Em geral, o excesso de carga positiva é causado pela poluição, por resíduos químicos, pela fumaça e por substâncias tóxicas presentes no ar, que carregam a pele e o cabelo de eletricidade estática. É aí que entram os produtos iônicos carregados negativamente, como os quelantes e os aparelhos iônicos. Eles propiciam o equilíbrio, resultando em brilho e elasticidade.

Oligoelementos – Minerais iônicos

A oligoterapia é um "método" bastante difundido na Europa, cujo objetivo é restabelecer o equilíbrio do corpo e do espírito a fim de tratar o indivíduo estimulando sua força vital. Essa terapia abre um novo caminho para a saúde real, que não é apenas a ausência de doenças declaradas, mas, sim, a harmonia de suas funções.

O progresso científico tem demonstrado que a vida, a saúde e a beleza possuem um equilíbrio frágil, que depende de grande variedade de metais e metaloides presentes no organismo. Ao agir positivamente sobre as trocas metabólicas (por meio da catalisação de reações em nível celular), esses elementos mantêm o equilíbrio do organismo.

O termo tem origem na palavra grega *oligo*, que significa pouco, ou seja, pequena quantidade de elementos.

O uso dessa técnica deve-se sobretudo a Jacques Ménétrier, médico francês que chamou a oligoterapia de medicina das funções ou medicina funcional. A originalidade dessa terapia consiste em respeitar um mínimo de regras gerais da fisiologia, usando a energia dos minerais, os íons. Esses íons de metais e não metais (ouro, prata, cobre, silício, selênio, magnésio) são a fagulha que detona o funcionamento das enzimas e permitem uma excelente realização das funções do organismo em nível celular.

Todos os trabalhos científicos referem-se aos oligoelementos na forma iônica, que é o estado em que se encontram no organismo e fazem parte do tratamento ortomolecular, que utiliza os oligoelementos, minerais, vitaminas e matérias-primas que, sem a força dos íons, seriam inertes e com sua potencialidade reduzida em até 70%.

Mas os resultados não são só internos. Além de tratar a pele, os produtos iônicos também agem sobre o sistema nervoso e o sistema imunológico do corpo. Eles servem para tratar, em nível molecular, as chamadas doenças da psique, como o estresse, por exemplo. É por isso que cosméticos carregados de oligoespecíficos levam a mensagem de regeneração a cada órgão gerador do problema, ajudando o corpo a resolvê-lo.

Surge o método biovibracional

Estudei por anos a aplicação dos oligoelementos na terapia ortomolecular até chegar ao método biovibracional. A ideia utilizada é a de que, ao vibrarem, esses oligoelementos penetram o organismo e se dirijem ao local onde devem atuar.

Apesar de ensinar esse método com imenso sucesso, a falta de produtos disponíveis para essa terapia, especificamente destinada à beleza, dificultava a existência de um curso que abordasse o uso dos oligoelementos na estética, assunto muito solicitado pelos alunos.

Assim, aliando o desenvolvimento do método biovibracional com a confecção de produtos destinados ao cuidado estético baseados nesse método, uma diversidade de tratamentos foi criada.

Oligoelementos, bioidênticos e o método biovibracional

Para acompanhar o desenvolvimento do uso dos oligoelementos e incorporar os minerais iônicos que já possuímos – adquiridos por meio da alimentação e desdobrados em energia –, resolvi renomeá-los, passando a chamá-los de bioidênticos.

Há medicos que questionam até mesmo a adoção da palavra "bioidêntico". Mas, como explica o endocrinologista Amélio Godoy Matos, da Sociedade Brasileira de Endocrinologia e Metabolia, "não há nada de científico nesse termo. É uma mera questão mercadológica".

Tais minerais bioidênticos encontram-se no organismo em forma de vestígios tão ínfimos que não se pode detectar com exames simples. Esses minerais foram por muito tempo ignorados pelo mundo científico, mas recentemente se descobriu que nada mais são que a nossa força vital, da qual dependemos para realizar todas as trocas metabólicas.

Os bioidênticos presentes na superfície da pele e advindos de produtos cosméticos, ao sofrerem uma vibração, formam uma onda na mesma frequência dos bioidênticos que se encontram nas células interiores de nosso corpo. Essa vibração torna os bioidênticos imediatamente disponíveis aos estímulos do colágeno e dos fibroblastos, rejuvenescendo o corpo.

A grande vantagem desse método reside no fato de que, sem o emprego de meios terapêuticos, consegue-se obter resultados surpreendentes e duradouros, nunca antes imaginados para um simples cosmético.

CAPÍTULO 2
Os bioidênticos e a pele

Segundo Holbrook, a pele é um conjunto de tecidos com organização estratificada que reveste o corpo e apresenta componentes estruturais e metabólicos que trabalham em sintonia com o meio ambiente para manter o equilíbrio orgânico.

Mas a pele é também um órgão vivo de percepção, comunicação e sedução que se interpõe entre nós e o mundo. Ela espelha nosso equilíbrio físico e psíquico, e, portanto, o seu estado influencia nossa relação com os outros e com nós mesmos.

Os minerais bioidênticos encontrados na pele em forma de vestígios de diversos metais, sendo o silício o de maior concentração, são responsáveis por intervir nas trocas intra e extracelulares.

Origem dos cosméticos biovibracionais

Os bioidênticos preciosos – como ouro, prata e cobre –, incorporados sob a forma iônica, deram origem aos cosméticos biovibracionais, de elevado poder de regeneração, vibrando na pele, cabelo e corpo.

Os bioidênticos vibracionais representam uma nova filosofia no tratamento da saúde e da beleza.

Se considerarmos a matéria uma manifestação energética, os seres humanos são um aglomerado de átomos com um campo de energia próprio. As células, por sua vez, com seu sistema físico, se comunicam através de uma rede vibratória. Essa rede transmite vibrações que ressoam na força vital de cada um.

Os bioidênticos vibracionais são resultado de anos de pesquisa e associam o conhecimento de elementos físicos. Sua aplicação em cosméticos tem uma base futurística.

O resultado é um produto capaz de interagir com mecanismos fisiológicos. Dessa forma, o método biovibracional passou a ser incorporado aos tratamentos de saúde e beleza.

Quelação

Como os minerais usados para essa técnica são iônicos, ou seja, dependem da geração de energia, é necessário dedilhar ou usar aparelhos vibratórios para completar sua aplicação. Isso faz com que os minerais atuem, estimulando as células.

Para que isso ocorra, a pele tem de estar livre de partículas de gordura e excesso de cargas positivas, pois estas impedem os íons de atravessar as membranas.

Quelantes, como o EDTA (ácido etileno-diamino-tetra--acético), por exemplo, são substâncias que ajudam a eliminar os metais pesados e a repor os minerais em déficit. Como não são metabolizados, atuam como uma vassoura, agarram em sua estrutura os metais pesados que não encontraram seu bioidêntico e causam uma verdadeira confusão na reprodução celular.

Assim, a substância quelante não só introduz o íon, como também retira os vilões do nosso organismo. Na medicina, essa quelação é feita por meio de uma infusão intravenosa. O maior problema desse método é que ele livra o corpo não apenas dos metais pesados, mas também de minerais necessários à saúde, o que pode ocasionar efeitos colaterais perigosos. Os cosméticos vibracionais com EDTA aplicados na pele não trazem esses efeitos indesejados. A maior parte dos metais pesados tóxicos é bivalente, ou seja, carregam duas cargas positivas, prontas para se ligarem a dois íons negativos. O EDTA capta ou atrai esses minerais de forma a puxar as cargas positivas para si. O complexo formado de EDTA-mineral permanece em solução, que agora é capaz de atravessar a pele e levar para o sangue, para os rins e para fora do organismo.

Minerais essenciais, como cálcio, magnésio e zinco-cobre, também são bivalentes e por isso são levados para fora do organismo pelo EDTA. Daí a necessidade de estarem presentes nesse produto, para que sejam repostos.

Minerais quelantes

Selênio e magnésio

O selênio em forma catalítica e em confronto com um gel quelante é antagonista de determinados elementos muito tóxicos. Assim, "agarra" metais pesados como o chumbo, o mercúrio ou o cádmio, presentes em nosso ambiente poluído.

Magnésio

Combate níveis elevados de chumbo, cádmio e níquel no sangue, principalmente em crianças, nas quais a presença desses metais tóxicos pode ocasionar distúrbios de aprendizado e outros problemas de saúde.

O magnésio tem mostrado efeitos positivos na redução desses elementos tóxicos no organismo ao agilizar a excreção pelos rins de poluentes encontrados no ar, na água e nos alimentos. Assim como o magnésio, o selênio age também como quelante desses metais.

Alimentos quelantes

Além dos minerais iônicos, há também alimentos que agem como quelantes de grande importância. Entre eles estão o caldo de cebola, o alho e a vitamina C, que favorecem a absorção de aminoácidos sulfurados, importantes antagonistas de metais pesados.

Para que todo esse processo ocorra são necessárias substâncias que equilibrem o ácido-base do organismo e da pele. Uma das recomendações mais importantes é manter o nível correto de PH, para que tudo ocorra em perfeita sintonia: pele, corpo, mente, alimentação e ácido-base.

Quando apresentamos sintomas de problemas de saúde ou de estética é porque certamente nossa energia está bloqueada ou desequilibrada, não permitindo que os remédios e os cosméticos apresentem os resultados esperados.

Quelação oral com nutrientes

Os nutrientes sulforosos podem ser usados como coadjuvantes na quelação oral. Assim, pode-se manter entre as sessões de quelação venosa (somente feita por médico ortomolecular), ou após estas, a ingestão dessas substâncias para concluir o processo de quelação. Sugere-se sempre o uso de um bom polivitamínico durante o processo de quelação para suprir as deficiências nutricionais, estes podem ser potencialmente quelados durante o processo.

Fórmula para quelação oral com nutrientes	
Ácido R-alfa-lipoico	300 mg
Arginina	600 mg
N-Acetilcisteína	600 mg
Glicina	500 mg
Metionina	500 mg
Taurina	500 mg

Sugestão posológica: Tomar 1 dose fracionada entre as refeições.

Metais pesados: os grandes vilões

Diariamente, por conta do desconhecimento, acabamos acumulando metais que, caso nosso organismo não esteja equilibrado, tornam-se acumulativos e não reguladores, levando muitas vezes a doenças irreversíveis.

Ingerir rotineiramente alimentos cozidos em panelas de alumínio, por exemplo, pode levar ao acúmulo desse metal no organismo e, com o tempo, causar esclerose múltipla, por exemplo, cujos primeiros sintomas são esquecimento, lapsos de memória e manchas escuras na pele, independentemente da idade da pessoa.

As tinturas de cabelo tão utilizadas por mulheres e homens também exigem atenção. Deve-se sempre observar a bula, em especial as informações acerca da concentração de metais pesados. Através do cabelo e do couro cabeludo é que se dão as maiores assimilações de metais pesados.

Os desodorantes são outro problema. Sabemos que 90% deles possuem alumínio e que ao serem aplicados diretamente nos gânglios linfáticos das axilas acabam se acumulando no organismo. A *Signet Mosby Medical Encyclopedia* afirma que "grandes quantidades de qualquer um deles [os metais pesados] podem causar envenenamento", portanto, somente os produtos catalíticos e iônicos são reguladores e não possuem nenhuma contraindicação.

A *Signet Mosby* afirma ainda que o envenenamento por mercúrio se dá pela "ingestão ou inalação de pequenas quantidades" do elemento e lista cerca de dez sintomas do problema, dentre eles, fala confusa, andar cambaleante, diarreia com sangue e insuficiência renal fatal. Muitos odontólogos ignoram a possibilidade de obturações causarem danos à saúde dos pacientes, mas a literatura médica sugere que as obturações são um problema desde 1926. Naquele ano, Alfred Stock, um professor de bioquímica, documentou seus próprios problemas decorrentes da toxidade do mercúrio.

Sabe-se que o amálgama usado nas obturações contém mercúrio e libera gases tóxicos. As sobras dessas preparações devem ser lacradas antes de armazenadas nos consultórios para evitar a liberação dos vapores. Esse é portanto um indício de que o mercúrio não deve ser "armazenado" na boca de ninguém.

Sintomas de intoxicação por metais pesados

A intoxicação por metais pesados pode manifestar sintomas semelhantes aos de diversos distúrbios físicos e mentais, o que pode levar a um diagnóstico errado e tratamentos ineficazes e inadequados.

O teste dos vapores de mercúrio é feito com um aparelho que realiza uma leitura digital do conteúdo deste elemento numa amostra de ar. "Quando colocado na boca, [o aparelho] funciona como um silencioso contador Geiger" e é capaz de identificar a presença de mercúrio em um minuto.

Todas essas informações são pequenas no universo de fatores que podem ser acumulativos de metais, mas todos dependem do nosso equilíbrio e nossa capacidade de eliminar e regular os excessos.

CAPÍTULO 3
A terapia dos minerais bioidênticos

A terapia dos bioidênticos é uma terapêutica de terreno na qual se procura restabelecer o equilíbrio físico e psíquico do paciente tendo em conta sua constituição e suas predisposições.

A prática dessa terapia consiste num misto de tratamentos cosméticos e complementos alimentares qualitativos, não quantitativos.

No primeiro caso, utilizam-se complexos proteicos, minerais bioidênticos e outros em aplicações localizadas (uso tópico), diretamente sobre a pele, mas sem friccioná-la ou penetrá-la diretamente (aplicação percutânea) e, assim, usando-se o método vibracional, atua-se sobre o sintoma.

No segundo caso, utilizam-se os minerais bioidênticos, vitaminas e suplementos por via oral, corrigindo assim os desequilíbrio mineral do organismo e estimulando as defesas naturais. Desse modo, atua-se na origem do mal.

Esses íons são administrados em doses homeopáticas, isto é, em concentrações de apenas algumas ppm (partes por milhão). Isentos de toxidade, são assimilados pelas células e restabelecem as funções antes bloqueadas, sem deixar resíduos no organismo.

Naturalmente, cada tipo de reação enzimática, característica de determinada função orgânica, tem seus catalisadores específicos. Assim, torna-se necessário diagnosticar a "zona do bloqueio" para que sejam fornecidos os bioidênticos indispensáveis.

O desbloqueio e o despertar dos minerais bioidênticos é que serão na prática os grandes responsáveis por tornar os minerais bioidênticos um grande aliado dos tratamentos de beleza.

Definição bioquímica

Elementos bioidênticos existem nas células vivas animais e vegetais em quantidades ínfimas (oligo). Na prática, tratam-se de partículas infinitesimais em concentrações muito baixas.

Essas substâncias são encontradas em estado natural no organismo, sob a forma de vestígios de diversos metais e não metais, e participam de um número importante de reações fisiológicas.

Como catalisadores das funções enzimáticas, são elas que, com sua presença, permitem a realização dos metabolismos. Fazem isso sem, no entanto, tomar parte ativamente, ou seja, fornecem à enzima a energia necessária para que a reação bioquímica ocorra. Sua atividade regula e permite as trocas metabólicas, graças às quais o organismo torna-se capaz de autorrestabelecer seu equilíbrio biológico.

Atividades dos bioidênticos

Mais correto, portanto, seria falar da atividade dos minerais bioidênticos em vez de falar da atividade dos minerais.

A questão que geralmente surge nesse ponto é: Mas os minerais não se encontram enormemente difundidos pela natureza, nomeadamente nos alimentos que consumimos?

É claro que sim, e a quantidade diária que ingerimos na alimentação é mais que o suficiente para que não soframos devido à falta desses elementos.

Ocorre, porém, que, nos alimentos, esses minerais se encontram numa forma neutra, e não na forma iônica, que é aquela que intervém nas reações normais de nosso organismo.

A próxima pergunta que sempre me fazem é: O organismo não seria capaz de originá-los por ação do ácido clorídrico do estômago?

Sim, porém, pode acontecer, e acontece com frequência, de a atividade desse ácido encontrar-se substancialmente reduzida, impossibilitando assim a ionização desses minerais. Desse modo, tais elementos, embora presentes, são inúteis do ponto de vista bioquímico.

Há também outros fatores causadores desse bloqueio: o ruído, o ritmo de vida, a poluição, o desequilíbrio nutricional decorrente do consumo de alimento tratados com defensivos agrícolas, as emoções e perturbações psíquicas e a absorção de substâncias medicamentosas que podem fixar tais íons.

É evidente que o fornecimento de minerais bioidênticos ao organismo já sob forma iônica é de máximo interesse, uma vez que esses íons são absorvidos diretamente pela pele por meio do movimento vibracional e transportados pela corrente sanguínea para diferentes partes do corpo.

Fornecer esses íons ao organismo é o mesmo que abastecê-lo com catalisadores bioidênticos em condições de intervir de imediato e permitir o desenvolvimento normal das reações químicas.

Fonte de elementos bioidêndicos

Os elementos bioidênticos são fornecidos ao organismo por meio da alimentação. Donde a necessidade de diversificar ao máximo os alimentos ingeridos, afinal, são muitos os inibidores de energia dos minerais.

Vale lembrar que para serem ativos os elementos devem imperativamente encontrar-se em estado iônico. Então, passam do estado quantitativo ao estado qualitativo.

Transformação de elementos em íons

Essa transformação ocorre no estômago, em ambiente ácido e sob agitação.

Esse processo depende:

1. Do pH do meio – a resistência elétrica;
2. Da temperatura;
3. Da concentração dos elementos;
4. Do encadeamento das reações anteriores;

5. Do ritmo desse encadeamento;
6. Da presença ou ausência de outros elementos.

Sabe-se experimentalmente que certas reações fisiológicas bloqueadas só podem ser reativadas por meio da catálise gerada pelos minerais bioidênticos e carregados de íons. Quando os bloqueios são demasiadamente numerosos, podem provocar doenças.

A originalidade da terapia funcional com minerais bioidênticos consiste em respeitar um mínimo de regras gerais da fisiologia usando catalisadores (bioidênticos) em quantidade ínfima. Estes associam-se às enzimas e permitem a perfeita realização das funções.

As associações permitem que as defesas espontâneas reajam contra qualquer agressão.

O grande mérito da terapia funcional é o fato de ultrapassar a sintomatologia. Ela consegue adequar-se aos sintomas e comportamentos específicos de cada indivíduo.

A predisposição de uma pessoa a certas doenças (diátese) é determinada por meio de um questionário combinado com a análise do conjunto de suas características individuais. O resultado desse processo nos permite concluir que muitas vezes o indivíduo está num estado pré-mórbido ou pré-lesional. Se mantido o bloqueio metabólico, a lesão infinitesimal que afeta a ativação molecular enzimática se tornará em pouco tempo uma microlesão, depois uma minilesão e, por fim, uma macrolesão. O resultado de todos esses atrasos anabólicos e catabólicos será uma futura doença.

Todas ou apenas algumas pessoas têm reações bioquímicas bloqueadas?

Cabe aqui referir à velha máxima de que "não há doenças, mas, sim, doentes". Isso quer dizer que, em presença das mesmas condições bloqueadoras, alguns indivíduos poderão sofrer o bloqueio reacional, ao passo que outros nada sofrerão.

O estado da pele reflete indubitavelmente o estado do organismo, pois as afecções que ocorrem no nível cutâneo denunciam disfunções orgânicas. Ora, é justamente nesse campo, da "terapêutica das funções", como chama Ménétrier, que a oligoterapia atinge seu ponto mais alto.

CAPÍTULO 4
Diáteses

Há quatro classes de diátese (predisposição). São elas, ácida reduzida (jovem), ácida oxidada (velha), alcalina reduzida (jovem), alcalina oxidada (velha).

No caso das diáteses e dos oligoelementos (bioidênticos) utilizados para regulação ácido-básico, não se trata nunca de corrigir uma carência com um aporte mínimo de minerais, mas de unicamente efetuar em determinadas condições um aporte qualitativo e utilizar um efeito de presença para regular as trocas eletrônicas e alcançar o reequilíbrio dos metabolismos físico-químicos.

Diátese segundo Ménétrier

O francês Jacques Ménétrier, pai da oligoterapia (renomeada de bioidêntica), após anos de observação e exaustivas pesquisas verificou a existência de quatro agrupamentos de sintomas, os quais classificou como diáteses funcionais. A classificação desses conjuntos de sintomas baseia-se no seu grau de acidez.

Características das quatro diáteses estudadas por Jacques Ménétrier

Ao responder a uma diátese, você estará tomando conhecimento do funcionamento de cada órgão e suas carências energéticas, cujos sintomas se manifestam na pele. Muitas vezes essas carências vêm se acumulando por vários anos ou são até hereditárias.

O método empregado foi estudado por anos por inúmeros médicos, entre eles Jacques Ménétrier e Gabriel Bertram. É muito difícil encontrar pessoas de diátese única, em geral, tem-se características de igual valor em todas as diáteses.

Nesses casos, inicia-se pela última, que é considerada a mais difícil. Diátese IV – alcalina oxidada (velha).

I – Diátese ácida reduzida (Jovem)

O indivíduo característico dessa diátese é dinâmico, empreendedor, confiante em si próprio, impulsivo, emotivo e otimista. Os sintomas apresentados nessa diátese são: crises periódicas de enxaqueca, alergias, dores diversas, perturbações cardíacas, gastrointestinais e hepatobiliares, entre outros. O tratamento para correção é feito com manganês (Mn).

II – Diátese ácida oxidada (Velha)

O indivíduo característico dessa diátese é calmo, ponderado, metódico e distraído, tem dificuldade de concentração, fala pouco e apenas sobre que lhe interessa, tem pouca resistência física e precisa de muitas horas de sono. Os sintomas mais frequentes dessa diátese são perturbações respiratórias, infecções, alergias, cefaleias, obesidade, diabetes e disfunção da tireoide. O tratamento para correção é feito com manganês-cobre (Mn-Cu).

III – Diátese alcalina reduzida (Jovem)

Essa diátese afeta adultos por volta dos 50 anos. É um indivíduo em geral impaciente, depressivo, com espírito criador e tendência a esgotamento por hiperatividade nervosa, também com sinais de envelhecimento prematuro, perturbações no sono e tendência à obesidade. Sintomas característicos são perturbações circulatórias, distonias vegetativas, doenças cardiovasculares, distúrbios digestivos e renais. O tratamento para correção é feito com manganês-cobalto (Mn-Co), selênio (Se) e lítio (Li) complementado com iodo (I) e enxofre (S).

VI – Diátese alcalina oxidada (Velha)

O indivíduo afetado por essa diátese tem por características a falta de autodefesa física e psíquica, diminuição da virilidade, lassidão, manifestações depressivas, indecisão e pesadelos. Os sintomas próprios desse caso são distúrbios sanguíneos como anemia, tendência ao emagrecimento intenso, fortes crises reumáticas, tuberculose e quadro de depressão. O tratamento para correção é feito com cobre-ouro-prata (Cu-Au-Ag) reforçado com magnésio (Mg) e zinco-cobre (Zn-Cu).

V – Síndrome endócrina

São chamamos de síndrome quando os sintomas da diátese já estão instalados. Ela vem juntar-se às quatro diáteses.

Diátese	Nome	Metal	Complemento
I	jovem (ácida reduzida)	manganês, enxofre	iodo
II	velha (ácida oxidada)	manganês-cobre	enxofre
III	jovem (alcalina reduzida)	manganês-cobalto, selênio e lítio	iodo, enxofre
IV	velha (alcalina oxidada)	cobre-ouro-prata	magnésio, lítio
V	síndrome endócrina	zinco-cobre	magnésio, lítio, iodo

Teste suas carências de biominerais bioidênticos: você está ácido ou alcalino, jovem ou velho?

Apresentamos um teste cujo resultado poderá ajudá-lo a descobrir as carências biominerais de seu organismo.

Responda o teste circulando o X dentro de cada quadradinho se a resposta for sim, e não marcando nada se a resposta for não. Após o término, faça a soma dos X circulados numa mesma coluna. O resultado indicará seu enquadramento em um dos cinco tipos acima apresentados. Conheça seu grau de acidez e saiba como está seu comportamento/humor (ácida reduzida, ácida oxidada, alcalina reduzida, alcalina oxidada) e como corrigir com minerais bioidênticos.

Quanto ao comportamento

	I	II	III	IV	V
enérgico e firme em suas decisões	X				
equilibrado	X				
cíclico					X
depressivo				X	
firme e materialista, mas gentil			X		
amante da arte e do belo				X	
frágil		X			
fraco		X			
linfático (edemas)		X			
amável e agradecido			X		
amante das novidades	X				
amante da ação	X				
agitado, mas pouco eficaz				X	
criador e idealista				X	
incansável	X				
cansado		X			
menos resistente que outrora			X		
sempre cansado				X	
arrogante					X
pouco musculoso		X			
atraído pelo luxo	X				
amante da comida				X	
guloso mesmo quando sem apetite		X			
apreciador do luxo e da boa qualidade				X	
atraído por um piscar de olhos	X				
egoísta				X	
predisposto a enxaquecas ou a problemas digestivos	X				
predisposto a problemas circulatórios				X	
predisposto à artrose				X	
facilmente alérgico	X				

Quanto ao aspecto da pele

	I	II	III	IV	V
fina	X				
fina com tendência a gordurosa		X			
espessa			X		
razoavelmente espessa				X	
desidratada e com baixa de oleosidade	X				
desidratada, mas tendendo à oleosidade				X	
suave, mas desidratada			X		
oleosa			X		
impura e oleosa					X
oleosa momentânea ou provisoriamente	X				
precocemente enrugada				X	
enrugada na fronte			X		
marcada com pés de galinha		X	X	X	

Quanto ao toque da pele

	I	II	III	IV	V
quente e seca		X			
fria e úmida		X			
quente e úmida			X		
fria e seca				X	

Quanto ao tom da pele

	I	II	III	IV	V
morena	X				
branca	X				
pálida				X	
rosada			X		
acinzentada				X	
cinza-amarelada					X

com acne rosácea			X	X	
manchada ou sardenta		X			
total de pontos					

Após obter a soma de cada coluna, encontre o maior número entre as quatro primeiras. Este número é seu grau de ácido-base. Havendo mais de um X circulado na última coluna, isso confirma o diagnóstico.

Respostas

Tipo Resultado mais alto coluna	Comportamento oligoelemento que equilibra	Coluna V
I	ÁCIDA REDUZIDA Apreciador da arte e do belo, instável, criativo, idealista, egoísta; às vezes, agitado, mas pouco eficaz, atraído pelo luxo. Seu ponto vulnerável é o fígado. (manganês-enxofre)	Essa pele pode tornar-se subitamente oleosa por intoxicação alimentar. (zinco-cobre)
II	ÁCIDA OXIDADA Equilibrado, menos resistente que outrora, mas enérgico, ansioso, indeciso; materialista, mas gentil, amável e agradecido. Predisposto a problemas de pele, como acne e rugas profundas. Seu ponto vulnerável é o pulmão. (manganês-cobre)	Devido à falta de oxigenação, a pele é opaca e sem vida. (iodo)

III	ALCALINA REDUZIDA Frágil, cansado, linfático, mole, guloso apesar da falta de apetite. Pouco musculoso. Hipersensível, facilmente choroso. Seu ponto vulnerável é o emocional. (manganês-cobalto x selênio--lítio)	Com o avanço da idade, e especialmente após os 70 anos, a evolução para o tipo 3 é uma tendência normal. É preciso levar em conta que o pH dessa pele tornou-se alcalino. É preciso modificar o pH da pele e torná-la mais receptiva. (zinco-cobre)
IV	ALCALINA REDUZIDA Permanentemente cansado e com tendência à depressão; angustiado com a morte. Predisposto a enxaquecas e problemas digestivos; facilmente alérgico. Seu ponto vulnerável é o sistema imunológico. (cobre-ouro e prata)	Aparência de cansaço permanente; inconstante. Tratamentos para a pele e para emagrecer demoram a dar resultados. (iodo e zinco-cobre)

Correção da diátese — Ácidas/Alcalinas

Diátese I – enxofre, vanádio, manganês, zinco, silício.

Diátese II – manganês-cobre, silício, zinco-cobre.

Diátese III – manganês-cobalto, lítio, magnésio e selênio.

Diátese IV – cobre-ouro-prata, lítio, selênio, magnésio.

Para corrigir os déficits de energia apontados em seu teste, procure cosméticos conhecidos por seus efeitos eletrostáticos, ou seja, compostos com ativos iônicos. Você encontrará na linha Bio-Vibra um kit com 12 minerais bioidênticos e um gel-base de silício. Coloque no misturador que acompanha o kit uma porção de gel-base de silício e quatro gotas de cada oligoelemento apontado no resultado do teste.

Exemplo: Se no seu teste, a coluna com o maior resultado foi a de número III e você juntar isso à coluna V, você terá de aplicar no rosto manganês-cobalto, selênio e lítio + zinco-cobre dedilhando ou com um vibrador. A pele deve estar devidamente limpa e ter recebido uma gomagem e um tônico. O produto pode ser usado na parte interna dos braços e pernas. Após isso, aplique um hidratante.

A inovação consiste na ação biofísica resultante da vibração, que, por emitir ondas, induz a migração de queratinócitos, que reorganizam a epiderme, e de fibroblastos, responsáveis pela produção de colágeno e elastina. Redensifica a pele, propiciando maior sustentação.

Além dos efeitos da epiderme, você sentirá em pouco tempo a melhora de todos os sintomas apontados na diátese. Caso seus sintomas mudem depois de um mês, corrija segundo a nova diátese.

Os cosméticos carregados de íons

Os cosméticos produzidos com uma tecnologia geradora de íons negativos jogam na pele milhões de partículas por centímetro cúbico, o que faz deles geradores de energia, potencializadores das incríveis substâncias ativas. Eles vão atuar na sua pele e no seu emocional.

Perceba que sua disposição mudará com a simples atitude de usar um produto vibracional e personalizado.

Até pouco tempo era muito difícil descobrir a deficiência de um ou outro mineral no organismo.

A análise do sangue mede apenas a fração momentaneamente em circulação. Para um resultado mais amplo, são necessários testes muito mais sofisticados e custosos. A análise da urina dosa apenas aquilo que é rejeitado pelo organismo. Por outro lado, pela diátese podemos ouvir o que os órgãos falam e descobrirmos um conjunto de sintomas que caracterizam as carências em certo momento.

CAPÍTULO 5
As surpreendentes matérias-primas dos cosméticos

As surpreendentes matérias-primas dos cosméticos

Em busca de melhores resultados, a indústria de cosméticos desenvolve pesquisas que visam não apenas descobrir novos ativos, mas também melhorar a penetração e eficiência dos cosméticos. Há sempre muitas novidades.

Para potencializar os efeitos dos tratamentos é importante saber associar os benefícios das substâncias, como o da água termal lipossomada, que contém estrôncio, substância que promove redução da sensação de desconforto após procedimentos como o laser CO_2 fracionado.

Aquaporina

A descoberta de um Prêmio Nobel norte-americano

Graças ao trabalho de Peter Agre, vencedor do Prêmio Nobel de Química em 2003, surgiu uma incrível revolução no mundo da cosmética.

Promete retardar o envelhecimento

Aquaporinas são proteínas transmembranárias (ou canais hídricos) que permitem o transporte de moléculas de água através da membrana plasmática das células.

Com o envelhecimento, a eficácia das aquaporinas é reduzida, tornando os órgãos mais fracos e vulneráveis, isso resulta em desidratação e surgimento de rugas. O aumento da presença de aquaporinas na pele facilita a passagem da água, melhorando a hidratação da derme e da epiderme em todos os aspectos. O resultado é uma pele jovem, hidratada e capaz de refletir luminosidade.

Os cosméticos até então conhecidos não atingiam as camadas mais profundas da pele. Os produtos químicos mantinham a hidratação apenas na epiderme, camada mais superficial de pele, não possibilitando uma hidratação mais profunda. Com a descoberta das aquaporinas, porém, pôde-se em fim compreender o sistema de irrigação dos tecidos do corpo humano.

As aquaporinas, ao resgatar células menos irrigadas e envelhecidas, abriram à indústria cosmética o caminho para a famosa fonte da juventude. Hoje, há cremes que alcançam camadas mais profundas da pele e as mantêm irrigadas, o que consiste numa verdadeira revolução no conceito de hidratação. Principalmente se usados em associação com os íons dos bioidênticos.

Células-tronco – A genocosmética

Outra pesquisa que trouxe grandes resultados para a ciência da beleza é a das células-tronco.

Para nós, humanos, o envelhecimento da pele é a alteração de maior visibilidade trazida pela idade. Por estar exposta a fatores externos, além de sofrer os danos do processo natural de diminuição das funções vitais do corpo, a pele é o órgão que mais denuncia o desequilíbrio metabólico.

Quanto mais o organismo envelhece, mais mutações estruturais sofrem as moléculas de DNA. A genocosmética é aquela que atua sobre a expressão gênica das células da pele. As células-tronco são capazes de transformar-se em qualquer tipo de célula de qualquer tecido de um ser vivo.

O que são as células-tronco?

São células que têm a capacidade de multiplicar-se segundo sua própria imagem e, a partir dessa replicação, dividir-se em diversos tipos celulares.

A ciência mais avançada indica que elas têm a capacidade de diferenciar-se em células da pele, músculos, coração, ossos, cartilagens, gordura e vasos sanguíneos.

Já é possível aplicar células diferenciadas a partir de células-tronco, como é o caso dos fibroblastos para tratamento estético. Elas podem servir também para reparar ossos ou melhorar a circulação sanguínea.

Por terem essa capacidade especial, são responsáveis pelo processo natural de regeneração e reparo do nosso organismo.

A produção de fatores de crescimento pelas células-tronco adultas injetadas no organismo humano é outra forma de colaboração com os processos de regeneração e reparo local.

Essas células-tronco são obtidas através de material lipoaspirado por um médico e remetido a um laboratório especializado, onde elas são isoladas e expandidas. Ao final, as células são congeladas em tanques de nitrogênio líquido, onde permanecerão criopreservadas até a hora do preparo das seringas para aplicação no paciente.

As células-tronco adultas contribuem para tratamento estético de rugas, sulcos e cicatrizes de acne. Os resultados perduram por cerca de cinco anos.

Uma maçã poderosa

Cientistas descobriram uma rara espécie de maçã encontrada em certa região da Suíça. Ela apresenta uma incrível propriedade de longevidade, permanecendo meses sem deteriorar-se.

Ao submeter o extrato dessa maçã a um processo tecnológico, obtém-se uma cultura vegetal rica em suspensão de células-tronco com grande sinergia com as células-tronco do tecido da pele humana.

A ligação aos receptores presentes na superfície da célula-alvo emite um sinal que efetua um comando celular ou nuclear, que vai atuar sobre os processos de regeneração e reparo tecidual.

No ser humano, estão presentes dois tipos de células-tronco:

- **Embrionárias:** encontradas nos blastócitos que podem crescer e diferenciar-se em mais de 220 tipos de células, as quais formam o corpo humano.

- **Adultas:** encontradas em tecidos como a medula óssea, a placenta, o cordão umbilical, o sangue e o fígado.

Os fatores de crescimento encontrados em vários tecidos em fase de renovação celular e devido a sua alta penetrabilidade (nanoestruturas) possibilitam o preenchimento das três camadas da pele, regenerando as suas próprias células--tronco bioidênticas.

Com a associação dos íons, haverá uma liberação tecidual de energia neurotransmissora sensorial, resultando numa pele rejuvenescida, luminosa e tonificada, o que antes era impossível alcançar.

Fatores de crescimento

Reversão do envelhecimento cutâneo

Os fatores de crescimento são proteínas reguladoras que intermedeiam os percursos dentro das células e entre elas. O uso de fatores de crescimento no rejuvenescimento é uma inovação no tratamento estético. Os fatores de crescimento promovem reparo, estimulam a cicatrização e promovem o remodelamento dérmico.

Visando avaliar esses efeitos, um estudo randomizou 250 pacientes com fotodano cutâneo, que foram tratados durante três meses com fatores de crescimento. Os resultados mostraram melhora da hidratação cutânea e da aspereza da pele, além do clareamento cutâneo e da redução de rugas.

A TGF-β é uma importante citoquina, que induz a síntese da matriz extracelular.

Fazendo uso dos produtos certos é possível subtrair alguns anos quase instantaneamente. O segredo para tal milagre está na fórmula incrementada de alguns cosméticos, que prometem uma verdadeira plástica sem bisturi.

Esses cosméticos têm por base proteínas tensoras que, ao serem aplicadas sobre a pele, se desidratam e se retraem, exercendo, assim, um efeito tensor instantâneo.

Efeito Cinderela

Algumas matérias-primas, como Raffermine© e Tensine©, atuam em sinergia, dando um efeito de estiramento imediato. O Tensine© é obtido a partir de frações especiais de proteínas do trigo e o Raffermine© é extraído da soja. Eles se completam e inibem a destruição do colágeno decorrente da idade, prevenindo e combatendo a flacidez.

Outro ingrediente bastante empregado é o ácido hialurônico em concentrações de 5% a 10%, associado a matérias-primas inovadoras, o que incrementa sua capacidade hidratante. Presente no organismo, ele preenche os espaços entre as células, que, com o avanço da idade, diminuem. Tais substâncias atraem a água e "incham" a pele, que ganham um aspecto mais esticado.

O efeito Cinderela é muito útil para quando se quer parecer mais jovem num dado momento, como numa festa, por exemplo, pois, dependendo do estado da pele, seu efeito dura até quatro horas.

Lifting sem bisturi

A aplicação correta, prolonga a duração. Por isso, o produto deve ser passado diretamente na pele perfeitamente limpa (sem resquícios de oleosidade e sem filtro solar). No entanto, é preciso cuidado para não sofrer o mesmo fim que a Cinderela.

Neurocosméticos, os ativos do século XXI

Estamos diante de uma incrível revolução da biologia molecular. Nunca antes se imaginou o poder que teríamos no combate molécula a molécula travado em nossas células entre protetores e os invasores radicais livres, determinados a destruir-nos.

Os produtos neurocosméticos dessa nova geração repõem neuropeptídeos (bioativos que agem como mensageiros entre o cérebro e a pele), que vão diminuindo à medida que envelhecemos.

Os neurocosméticos prolongam a vida da conexão cérebro-beleza, deixam a pele saudável, hidratada e luminosa, com aparência jovem. Consequentemente, ganhamos mais liberação de betaendorfinas, os agentes da felicidade.

A neurocosmética significa a possibilidade de prevenir a degeneração neural. Existe nos cosméticos de hoje uma associação entre estímulo e proteção. Os neurocosméticos são composto de polifenóis de cacau e antioxidantes.

Matérias-primas valiosas

Ouro, prata, diamante, pérolas, opala, cristais
Verdadeiras joias aprisionadas em potes de creme

Formulações com matérias-primas raras e preciosas, agregadas a cosméticos com uma aposta tecnológica única de energia vibracional, se misturam na pele, resultando numa explosão de energia que relançam o fibroblasto, não só regenerando as células, mas também resgatando a alegria de viver.

A matéria-prima em minerais (oligoelementos), lipossomadas ou pulverização de ouro, prata, cobre, opala, diamantes conferem ao cosmético o poder de redefinir não apenas sua pele, mas, por meio da vibração, entram na sua frequência e atuam no mais profundo do seu Eu.

Como escrevo em meu livro *Chique é ser saudável*, por que não unir o útil ao agradável? Produtos que a natureza nos oferece para o adorno, também em cosméticos para a beleza.

Hoje, temos cosméticos que se comparam a verdadeiras peças de joalheria. Emprestam glamour aos cosméticos que não ficam somente no luxo, pois atuam e colaboram para o relançar de sua beleza.

Existem muitos questionamentos sobre a eficácia desses luxuosos cosméticos. Contudo, após todos esses anos de experiência com os minerais iônicos, nos quais há grande quantidade de energia, acredito na simbiose com matérias-primas apropriadas. O resultado com certeza será um grande sucesso sem nenhuma contraindicação.

Ouro, o metal da beleza

Hoje, com os avanços da tecnologia, a pura energia do ouro lipossomado ou em oligoelemento coloidal em nanopartículas, com sua energia gravada na água pelos diversos meios, da homeopatia à oligoterapia (prova é o método do dr. Masaru Emoto no livro *As mensagens da água*). A água congelada, depois de ter sido submetido à vibração dos remédios, da voz, do canto e da oração, apresenta desenhos incríveis. Essa experiência é descrita no meu livro *O que a dieta ortomolecular pode fazer por você*. Com essas fortes qualidades, por que não introduzir o ouro no tratamento da beleza da mulher moderna? As técnicas modernas permitem uma penetração maior, atingindo até mesmo as aquaporinas de que já falamos neste livro.

Ouro (na forma de oligoelemento) é estimulante e firmador quando associado à prata e ao cobre, além disso, proporciona luminosidade à pele e redensifica o tecido dérmico, aumentando a produção de colágeno.

Pérola (pó perolado) possui proteínas e oligoelementos. Além de produzir uma suave abrasão que remove células mortas, tem ação nutritiva e confere luminosidade à pele.

Diamantes (micropulverizado) quando reduzido a partículas microscópicas proporciona um peeling natural e muito suave que elimina células mortas. Também disponível em nanotecnologia num composto que conjuga silício-dióxido de microesferas e pó de diamante que se liga a um peptídeo e tranforma-se em sirtuin-like usado em tratamentos antienvelhecimento.

Opala Powder (fonocosmética): a vibração, classificada como uma onda sonora, estimula as células a se movimentarem em direção ao som. É o novo conceito para preenchimento das rugas e renovação celular.

Ouro coloidal ajuda na manutenção da elasticidade e firmeza da pele. É conhecido por trazer muitos benefícios à pele, como brilho e elasticidade. Em conjunto com os oligoelementos, diamante, ouro e prata, torna-se um agente antienvelhecimento cutâneo. Atua sutilmente como estimulador da autoestima.

É irresistível a tentação de experimentar os cosméticos com diamante-ouro-prata em sua formulação. Eles prometem, entre outras coisas, hidratar e rejuvenescer irrestritamente, tanto na forma *in natura*, como dissolvido em lascas ou em máscaras de ouro 24 quilates. Mas, estou falando de uma tecnologia inovadora, que venho usando há 20 anos, com resultados fantásticos na área da saúde. Agora estamos estendendo seu uso a cosméticos.

Fonocosmética, o preenchimento da pele através do som

Uma dessas descobertas atuais envolve a matéria-prima de uma pedra derivada de lava vulcânica, encontrada principalmente na Etiópia, conhecida como opala.

Segundo o Institute of Cellular Pharmacology (ICP), a partir de conceitos da fonocosmética, essa nova matéria-prima, aplicada no preenchimento da pele, atende às atuais tendências mundiais no tratamento cosmético da pele.

Atua diretamente no citoesqueleto com diminuição da atrofia celular, resultando na diminuição da ruga.

Ao pesquisar as partículas que compõem a opala, constatou-se que a vibração delas ocorre com a emissão de ondas, cujo comprimento é classificado como uma onda sonora.

Essa onda promove o movimento "browniano" nas células, servindo de estímulo à síntese de proteínas. O aumento da síntese de proteínas significa a manutenção do formato da célula, que ocorre com o envelhecimento.

O conjunto dessas ações permite, em apenas dez dias de tratamento, obter-se uma pele mais hidratada, uniforme e com rugas suavizadas. Tudo isso vem de encontro ao estudo dos oligoelementos.

O uso de um agente ultrassensor promove uma onda vibratória que atravessa as membranas e vão de encontro ao seu bioidêntico bloqueado. E, com isso, consegue reações imediatas do organismo.

CAPÍTULO 6
Hormônios bioidênticos

Hormônios e neurotransmissores – Mensageiros das emoções

O sistema hormonal é responsável pela alteração de nosso estado de espírito e nossa capacidade de aprender, de tomar decisões e até de amar e odiar.

Muitas mulheres apaixonadas perdem o apetite ou não param de comer quando entram em depressão, tudo por culpa do desequilíbrio hormonal.

Os hormônios são os telecomunicadores (neurotransmissores hormonais) de nosso organismo, pois é através deles que todos os órgãos produtores de hormônio se comunicam, até mesmo os mais distantes. Costumo dizer que quando estamos mal é por causa de uma telefonista fofoqueira que comunica a todos os órgãos a falta de hormônio.

Se não fossem os neurotransmissores, os quase 100 bilhões de neurônios que possuímos não teriam como se comunicar, levando as mensagens cerebrais que irão modificar e regular nosso estado de espírito.

Os neurotransmissores podem ainda inibir algumas sensações, como a fome, por exemplo. Quando o estômago está completo, o cérebro recebe a mensagem de que é hora de parar de comer. Os responsáveis por todo esse leva e traz são os neurotransmissores.

> As glândulas produzem os hormônios, que são transportados pelo sangue e têm a missão de estabelecer a conexão com o corpo. Sem o trabalho dos hormônios, o organismo entraria em colapso.

Um exemplo é o do hormônio DHEA, famoso por suas propriedades rejuvenescedoras.

Com a idade, a redução progressiva do DHEA pode deixar a pessoa muito irritadiça, cansada e insone. A reposição do hormônio, em determinados casos, reduz esses sintomas e aumenta a resistência do organismo ao estresse, melhora a libido e até a memória.

A falta ou o excesso dos hormônios podem causar:

Ataque à geladeira

Pesquisas apontam que a compulsão alimentar é consequência das variações do neurotransmissor serotonina. O hormônio leptina e os neurotransmissores dopamina e noradrenalina também provocam fome e saciedade. Quando suas taxas estão baixas, os mecanismos que acionam a saciedade podem falhar, fazendo você comer mais que o necessário.

Impotência sexual de fundo emocional

A ansiedade é muitas vezes a responsável pelo mau desempenho sexual. Em situações de ansiedade, medo ou estresse, a adrenalina é liberada em excesso e termina ocasionando um bloqueio.

Depressão

A depressão é resultado da deficiência de serotonina, que controla o humor e o bem-estar geral. A diminuição natural (na menopausa) de dopamina, neurotransmissor ligado à motivação, e do estrógeno pode provocar sintomas de depressão, como fadiga e desânimo.

Tensão pré-menstrual

A serotonina é a responsável pelo mau humor que afeta as mulheres no período que antecede a menstruação. O aumento das taxas de estrógeno também contribui para isso, pois origina uma alteração hormonal.

Paixão

Pesquisa que avaliaram pessoas apaixonados de ambos os sexos e outras que não estavam vivendo nenhuma paixão indicaram que o cérebro dos não apaixonados tem 40% menos serotonina, o neurotransmissor que participa da modulação dos estados emocionais.

Prazer

A satisfação alcançada como resultado de um abraço, do sexo, da ingestão de um doce ou da audição de uma boa música faz o cérebro liberar dopamina, neurotransmissor do prazer.

As drogas, o álcool e a nicotina também estimulam a produção momentânea de dopamina, por isso funcionam como uma fonte de prazer à qual o cérebro acaba se habituando.

O equilíbrio

Nem alegria demais, nem tristeza demais, o equilíbrio é que faz a vida ser prazerosa, liberando seus hormônios nos limites da normalidade.

A alimentação tem papel fundamental

Todo organismo precisa de nutrientes variados para garantir a produção de todas as substâncias essenciais. Entre os nutrientes mais importantes, e, por que não dizer, indispensáveis, para o cérebro, estão os aminoácidos.

Alimentos que não podem faltar na dieta: cenoura, beterraba e frutas vermelhas. E os mais possantes reguladores hormonais são os ômegas 3 e 6.

Moderadores de apetite

A FDA (Food and Drug Administration), agência que regula os medicamentos e alimentos nos Estados Unidos, há 10 anos já suspeitava que drogas como a fenfluramina (principal princípio ativo de alguns moderadores de apetite) provocavam a morte das células cerebrais.

Pesquisas demonstram que de fato tais drogas quando usadas em doses cinco ou mais vezes maiores que as recomendadas lesam terminais de neurônios. Já se sabe também que os moderadores de apetite provocam queda nas taxas de serotonina.

Procure auxílio médico quando o assunto é depressão

Depressão, fobias e sintomas de menopausa devem ser tratados com a ajuda de um profissional. O uso de antidepressivos específicos ou mesmo a terapia hormonal pode tornar-se necessária para a manutenção do bem-estar físico e psíquico.

Pratique uma atividade física

Não adianta se exercitar apenas no final de semana, é preciso haver regularidade. Além de queimar calorias, os exercícios físicos são importantíssimos para manter o perfeito funcionamento do corpo. Aumentam o nível de glicose (combustível das células) no cérebro, favorecem o equilíbrio das taxas de dopamina e outras substâncias responsáveis pelo bem-estar e disposição.

Mantenha a regularidade do sono

Um dos maiores responsáveis pelo insucesso das dietas é perda de sono. Saiba que perder quatro horas de sono numa única noite pode tornar o raciocínio mais lento e diminuir a capacidade de concentração no dia seguinte.

O sono insuficiente diminui a memória, a aprendizagem, as habilidades matemáticas, a compreensão de informações verbais complexas, o raciocínio e até a capacidade de tomar decisões.

Faça mais sexo e produza mais hormônios

GH e endorfinas são dois hormônios que têm tudo a ver com o bem-estar físico e emocional.

Pesquisa realizada com 3.500 pessoas no Reino Unido mostrou que fazer sexo três vezes por semana é rejuvenescedor.

Tratamentos naturais X bioidênticos

Eu não poderia deixar de falar que os hormônios bioidênticos são um avanço extraordinário. Essas substâncias têm estrutura molecular idêntica a dos hormônios que produzimos. A terapia de reposição hormonal tradicional utiliza hormônios sintéticos, que possuem estrutura molecular diferente da dos hormônios que o corpo produz. Assim como uma chave torta custa a entrar na fechadura, esses hormônios sintéticos custam a ser reconhecidos pelos receptores das células. Já os hormônios bioidênticos são imediatamente reconhecidos pelas células, o que permite que as reações se deem sem nenhuma modificação fisiológica.

Modulação hormonal

Hoje, com o avanço da medicina preventiva, é possível repor hormônios bioidênticos sem os inconvenientes e perigos da reposição convencional, pois nosso organismo é programado para reconhecer e aproveitar o que eles têm de bom e eliminar o que não é aproveitável.

A vida pode ser prolongada, e o envelhecimento se dar mais lentamente e com mais saúde. Podemos assegurar que a utilização de hormônios totalmente bioidênticos, a necessidade da reposição ou modulação hormonal, proporciona maior eficácia e segurança com menor incidência de efeitos indesejáveis.

É fundamental enfatizar que o acompanhamento de um médico é absolutamente indispensável. É ele quem fará a avaliação clínica e decidirá qual o melhor hormônio a ser usado.

Mulheres e homens de mais de 40 anos que estão perdendo a libido podem pensar na terapia de reposição hormonal com hormônios bioidênticos para melhorar sua performance sexual.

Outro problema que pode ser combatido com sucesso com esses hormônios é disfunção de tireoide. Cerca de 40% da população sofre de transtornos relacionados a isso. A terapia de reposição com hormônio da tireoide natural pode operar milagres. Os minerais bioidênticos (zinco-cobre, iodo e selênio) podem ser associados ao tratamento.

Como precisamos deles para nos proteger da guerra contínua contra as doenças degenerativas associadas ao envelhecimento, os antioxidantes antienvelhecimento, as substâncias fotoquímicas e as ervas aumentarão ainda mais nossas chances de alcançar a tão almejada longevidade.

Hormônios – Alternativas fitoterápicas

Os chamados tratamentos naturais para menopausa são feitos normalmente com substâncias fitoterápicas, que podem ter ação relativamente benéfica no controle de alguns sintomas, mas não é de forma alguma uma alternativa de equilíbrio das taxas dos hormônios endógenos. De modo geral, os benefícios são parciais, e a duração dos efeitos dependendo de cada pessoa.

Como alternativa à reposição hormonal clássica, que acarretam efeitos indesejáveis em muitos pacientes, surgiram os suplementos para complementar os medicamentos fitoterápicos. Eles ajudam a amenizar os sintomas desagradáveis da menopausa e até o envelhecimento precoce.

Um das substâncias mais festejadas é a isoflavona, que teoricamente não aumenta o risco de câncer de mama. Contudo, não há evidências de que a isoflavona, derivada da soja, seja mesmo totalmente inócua.

Outro fitoterápico que surgiu como substituto da progesterona foi o inhame. Esse tubérculo bem conhecido dos brasileiros é uma alternativa não sintética que traz resultados promissores no tratamento da menopausa e até mesmo da tensão pré-menstrual, além dos reflexos benéficos na pele.

O produto derivado do inhame selvagem mexicano conta com milhares de adeptas e está conquistando cada vez mais usuárias.

Essa matéria-prima, tida como uma progesterona natural, é uma réplica do hormônio produzido pelo corpo humano, portanto, um bioidêntico.

Os níveis de progesterona, a exemplo dos de estrógeno, iniciam sua queda durante o climatério, favorecendo a osteoporose, problemas reumáticos, cólicas biliares, câimbras, dispepsias, incontinência urinária e dores. O inhame selvagem mexicano é anti-inflamatório, antimicótico, hipocolesterolemiante e antitumoral.

A dra. Shirley Bond, precursora do estudo do "Inhame mexicano como um hormônio natural bioidêntico da progesterona", afirmou: "Acho que, se existe uma deficiência hormonal, é bem melhor usar um hormônio similar ao produzido pelo corpo que usar um químico".

No entanto, há algumas contraindicações ao uso. Devido à escassez dos estudos, não se conhece a fundo sua toxicidade, sabe-se, contudo, que o uso do inhame mexicano durante a gravidez não é recomendado e que excesso pode ocasionar distúrbios gastrintestinais, graças à presença do alcaloide dioscórea.

Associei ao inhame mexicano mais dois fitoterápicos que completam os tratamentos moduladores hormonais.

Prescrevo o uso dos três componentes abaixo em duas cápsulas diárias a pacientes com mais de 40 anos.

Ativo	Ação	Concentração
Cimicífuga racemosa	alivia principalmente as ondas de calor e atua sobre a atrofia vaginal e a depressão	80 mg
Dong quai	os fitoestrógenos da planta atuam de modo semelhante ao do estrógeno natural, aumentando a atividade desse hormônio quando de sua escassez no organismo	100 mg
Inhame mexicano	é utilizado para síntese de hormônios esteroides	100 mg

Tratamento pré-menopausa e tensão pré-menstrual

Precursor da biossíntese de estrógeno e progesterona, além dos benefícios já citados, o inhame mexicano melhora o aspecto do cabelo e da pele e dá vitalidade ao corpo

> Inhame mexicano 500 mg
> Excipiente qsp
> 1 cápsula/dia

Lembre-se de que a recomendação terapêutica não substitui as indicações médicas.

Curiosidade

Um estudo publicado na revista científica *Nature*, em janeiro de 2012 promete para um futuro bem próximo cápsulas de irisina, hormônio produzido naturalmente pelas células musculares durante os exercícios aeróbicos.

Pesquisadores do Dana-Farber e da Escola de Medicina da Universidade Harvard, nos Estados Unidos, isolaram em laboratório a irisina. A substância foi aplicada em ratos, que perderam peso como se tivessem se exercitado.

Termogênese é o nome que se dá à maneira intrincada de transformar gordura branca em gordura marrom. Acredita-se que, se conseguirmos queimar a gordura branca como combustível para aquecer ou resfriar nosso organismo, queimaremos muitas calorias e teremos uma redução enorme do total estocado de gordura. A descoberta desse hormônio mobilizador de gordura (HMG) diminuiria em 50% a demanda de exercícios. Um alerta: a musculatura ainda depende dos exercícios.

Ainda não foram testados em humano, isso é bem mais complicado, pois não dependemos apenas dessa substância para queimar gordura branca e transformá-la em marrom. Acredita-se que se no prazo de um ano for possível adquirir 1 quilo de gordura marrom, isso equivaleria a perder 30 quilos de peso.

A esperança de perder gordura com uma cápsula em substituição aos exercícios faz com que os preguiçosos tenham esperança de emagrecer, livrando-se do esforço físico.

Squalene: a gordura do bem

Óleo de fígado de tubarão

Um verdadeiro oxigenador e rejuvenescedor do organismo. "A fantástica substância vitalizante de um tubarão esqualo que vive nas profundezas do mar onde não existe claridade nem oxigênio. Mas esses esqualos conseguem sobreviver produzindo seu próprio oxigênio."

A redução das taxas de oxigênio nos tecidos orgânicos é a causa principal das doenças degenerativas. Os sintomas da redução crônica do oxigênio, mesmo que sem provocar uma doença específica, são cansaço constante, transpiração excessiva, tremores nas mãos, palpitação, tontura, dores lombares, ansiedade e extremidades frias, neurose, dores nevrálgicas e reumáticas, dores no peito, pulso irregular. Pele com caroços, áspera e ressecada.

Pele e o squalene

Diversos estudos científicos e observações clínicas concluíram que o squalene age sobre o aumento da resistência imunológica e que sua ingestão regular tende a rejuvenescer o organismo simplesmente pela restauração da oxigenação dos tecidos.

Com a descoberta e o uso terapêutico de squalene, a medicina alternativa pôde utilizar esse poderoso recurso no tratamento dessas e de outras enfermidades, graças à sua capacidade de produzir oxigênio intracelular.

Rejuvenecimento

Acredita-se que os exercícios regulares e a atividade física intensa possam ajudar de alguma forma, mas não o suficiente.

O squalene pode ser usado em cremes de beleza e hidratantes, xampus e condicionadores de cabelo: despeje o conteúdo de duas ou três cápsulas no frasco e mexa para misturar bem. Para os cabelos oleosos, os resultados são ótimos.

A ingestão regular de squalene combate o envelhecimento precoce, pois tende a rejuvenescer o organismo ao restaurar a oxigenação dos tecidos. Descobriu-se que o squalene, usado tanto por via oral quanto aplicado sobre a pele a torna mais saudável devido à transformação de parte da substância em lanosterol, um composto que age protegendo e vitalizando as células da derme e da epiderme. É ótimo no combate e prevenção a rugas. É preciso molhar a pele antes de aplicar o produto e deixá-la úmida o maior tempo possível. Também favorece o revigoramento dos cabelos.

Em queimaduras, os resultados do squalene são surpreendentes. Lavar bem o local queimado (um banho de uns 40 minutos no chuveiro) deixando sempre o local molhado e aplicar o squalene. É importante não deixar secar, recolocando o produto frequentemente até a completa cicatrização, que ocorre normalmente entre 8 a 10 dias. Observação: não expor ao sol a parte atingida.

Queimaduras de sol e escoriações: lavar bem e aplicar squalene, observando o procedimento acima sobre a limpeza do local atingido.

Infecções e dor de ouvido: pingar uma gota, esperar tempo suficiente para a gota descer pelo canal auditivo e colocar um pequeno chumaço de algodão. O melhor é aplicar ao deitar-se.

Rompimento de tímpano: pingar duas gotas pela manhã e duas à noite durante um mês.

Para os olhos: usado como colírio, é eficaz no tratamento contra conjuntivite e catarata.

Hemorroidas: deve ser usado como supositório, com resultados extraordinários.

Asma: segundo terapeutas, a criança asmática pode tomar duas cápsulas à noite, na hora de dormir. Abrindo-se a cápsula o resultado é mais rápido. Dependendo do caso, a dose pode ser aumentada.

Sinusite e dores de cabeça: abrir a cápsula perfurando-a com um alfinete esterilizado e pingar nas narinas colocando a cabeça para trás, fechar o nariz com os dedos e inclinar a cabeça para a frente e para baixo, inspirando ao mesmo tempo que se deita a cabeça para trás novamente. O alívio é certeiro. Recomenda-se manter o tratamento de uma semana a um mês, conforme a gravidade do caso.

Doenças dermatológicas em geral: umedecer a área afetada e aplicar o squalene. Recomenda-se completar o tratamento ingerindo também o produto.

Fungos vaginais e corrimentos: introduzir a cápsula na vagina.

Frieiras, fungos e pé de atleta: aplicar o produto seguindo as instruções anteriores. É um ótimo antisséptico.

Aftas: aplicar o produto diretamente sobre a afta. Em feridas, sempre molhar o local antes de aplicar. O squalene tem uso excelente em inflamações e abscessos em geral, úlceras gástricas e abdominais. Nas gestações difíceis, ajuda a melhor oxigenação materna e fetal e a prevenir a deficiência mental nos partos difíceis. Na radio e quimioterapia, reduz os efeitos indesejáveis do tratamento. Em pós-enfartes, melhora o quadro geral e previne contra novas ocorrências.

Squalene não tem contraindicação e não gera dependência. Em casos raros, pode haver uma pequena reação inicial, que pode ser amenizada diminuindo-se a dosagem inicial e depois a aumentando gradativamente.

Recomenda-se tomar quatro cápsulas ao dia. Não se recomendam doses muito grandes em razão da não absorção pelo organismo. Os estudos mostraram que doses maciças de squalene não potencializam seus efeitos. O suprimento incremental de oxigênio produz no organismo um efeito rejuvenescedor, ativando as funções do coração e pulmões, recuperando a elasticidade dos vasos capilares e melhorando a circulação sanguínea. Além disso, o oxigênio mantém as condições ideais do pH do sangue, melhora a atuação dos hormônios e das enzimas, elimina o cansaço físico e facilita a eliminação de impurezas do organismo.

CAPÍTULO 7
Alta biologia

Juventude por dentro e por fora é o que prometem os dermocosméticos que associam os benefícios dos minerais iônicos a potentes antioxidantes e que surgiram com a nova e revolucionária biotecnologia. Por incrível que pareça, esses cosméticos, com o simples movimento vibratório, sem fio e sem cabos, aceleram a atividade celular, gerando um campo elétrico decorrente do encontro das diferentes cargas elétricas das células. Estudos indicam que minerais como silício incluídos na formulação dos géis estimulam os campos elétricos e induzem a atividade celular dos fibroblastos, células responsáveis pela síntese de colágeno e elastina.

Esses minerais carregados de íons também estão relacionados à produção de ácido hialurônico, substância responsável pela hidratação da pele.

O mundo da cosmética está se adaptando às novas tecnologias, e novos produtos para o domínio do corpo estão surgindo com grande força e estabelecendo uma aliança na luta pela beleza e redução de medidas. Enfim, é a tão esperada fonte rejuvenescedora do corpo e da alma a vibrar numa ação sensorial.

Somados à sua força vital, você verá todas as possibilidades de um inovador cosmético.

Sinto-me realizada em concretizar a criação de um ponto de virada no panorama da beleza brasileira. A parceria com um grupo que acreditou em minha experiência com minerais e os avanços tecnológicos permitiram que o projeto que venho desenvolvendo há 20 anos se concretizasse.

Cosméticos bioidênticos vibracionais — Bio-Vibra

Esses cosméticos usam embalagens com dupla ação num só gesto. "Duas saídas simultâneas" – de um lado, o gel contendo os minerais eletricamente carregados e, do outro, as substâncias ativas. Esse processo possibilita que o gel iônico atue sem sofrer bloqueios oleosos que reduzam sua ação sensorial.

A aplicação desses cosméticos deverá ser estimulada com gestos de vibração (dedilhado) ou com aparelho vibrador.

Toda a linha vibracional tem como base a energia do cristal de quartzo (silício), sem o qual muitos das invenções modernas ainda estariam por vir, pois, está cientificamente provado que o quartzo é o mais potente amplificador de ondas e o mais preciso reordenador de frequências que a ciência conhece. Nós estamos rodeados de silício – placas de computador, telefones celulares e agora os cosméticos.

As substâncias ativas dessa linha são compostos conjugados de silício dióxido de microesferas cobertos por diamante agregado, que se liga a um peptídeo para sua utilização em cosméticos.

O ouro, a prata, o diamante, o cobre e óleos que entram como geradores de íons negativos jogam milhões de partículas por centímetro cúbico na pele, fazendo desse cosmético um gerador de energia, um potencializador das incríveis substâncias ativas.

Na presença desses íons vibracionais, a pele ganha maciez e brilho, pois eles neutralizam a eletricidade estática, fechando os poros e proporcionando maior hidratação e melhor reflexo de luz na pele.

Modo de administrar os minerais bioidênticos

O modo preferencial de administrar os minerais bioidênticos é por meio da pele, em soluções ionizadas, carregadas eletricamente e transportadas por uma corrente vibracional ou por dedilhamento.

Para assegurar uma perfeita eficácia, algumas regras fundamentais devem ser observadas:

1. É indispensável trabalhar numa pele bem limpa, preparada com quelantes e gomagem com oligoelementos (veja indicação na linha Bio-Vibra).

2. Procede-se a uma desincrustação da pele com peeling quelante, seguida de aplicação de loção tônica com bioelementos. Desse modo, eliminamos a camada isolante e facilitamos a penetração iônica.

3. Antes de iniciar qualquer tratamento específico, é necessário tornar a pele receptiva ao tratamento, normalizando e recolocando as células num meio físico-químico semelhante ao das células jovens e ativas.

A pele oleosa ou normal apresenta menos problemas de elasticidade, mas muitas dificuldades de oxigenação e até de desidratação.

As pessoas mais velhas (50 anos ou mais) apresentam frequentemente alcalinização da derme, e é preciso corrigir esse inconveniente com aplicação de cosméticos que contenham oligoelementos – silício, zinco-cobre e selênio.

Linha Facial Bio-Vibra

Espuma demaquilante

Limpa, acalma e tonifica
Para todos os tipos de pele
Ativos: água termal, silício, zinco-cobre, enxofre, manganês

O primeiro gesto de beleza deve ser a limpeza suave e profunda do rosto, pescoço e entorno dos olhos. Recomendamos a limpeza mesmo quando não se está maquilada, para liberar os poros das impurezas do meio.

Loção mineralizante tônica

Tônico sequestrante sem álcool
Ação antioxidante, hidratante, nutritiva e revitalizante
Íons: silício e prata
Ativos: água de coco e algas

Indispensável para a perfeita remoção dos metais pesados, limpando, tonificando e quelando a pele.

Máscara Bio-Vibra
> **Esfoliante trifásico**
> **Limpa, clareia e ilumina**
> **Íons:** silício, zinco-cobre, enxofre, magnésio
> Com três gestos diferentes de aplicação, confere uma limpeza profunda através de microesferas de silício (cristais de quartzo), removendo células mortas e metais pesado com a sinergia do sequestrante EDTA. O zinco-cobre faz a desobstrução dos poros, promovendo um impressionante clareamento e dando luminosidade à pele.
>
> Diferentemente das outras máscaras, a esfoliação manual deve ser realizada apenas ao final, antes da remoção do produto, para potencializar os efeitos de estimulação do crescimento epidérmico.

Máscara Bio-Vibra
> **Lifting trifásico**
> **Regenera, firma e combate as rugas**
> **Íons:** silício, ouro, prata, cobre, diamante
> **Ativos:** pó de opala e células-tronco
> Minerais e matérias-primas inéditas que tornam as substâncias sensitivas e possibilitam grandes realizações na pele.
>
> Uma máscara que faz diferença no seu rosto, pois tem a especialidade de formar temporariamente sobre a pele uma

barreira inclusiva, que irá estimular a circulação e ativar a hidratação em níveis profundos da pele, proporcionando, por meio dos íons catalíticos contidos em sua estrutura bioquímica, resultados imediatos.

O cobre libera as toxinas; a prata leva oxigênio para as células, criando uma ação bactericida; o ouro promove o rejuvenescimento; as células-tronco vegetais regularizam o metabolismo da pele, permitindo uma troca metabólica mais rápida; e a opala suaviza as marcas do tempo com suas ondas sensitivas.

Hidratante Bio-Vibra

Hidratante com dupla ação intensa
Tem ação regenerativa e anti-idade
Para pele seca

1- Gel iônico: diamante, lítio, manganês, magnésio, cálcio e silício

2 - Ativos: aquasense, nanofator de crescimento, células-tronco (*mallus*, *vitis*), pó de opala.

O aquasense, antioxidante à base de células-tronco, promove hidratação prolongada; o nanofator de crescimento nutre e revitaliza; e o pó de opala preenche as rugas.

Hidratante Bio-Vibra

Hidratante com dupla ação intensa
Tem ação regenerativa e anti-idade
Para pele oleosa
Gel iônico: silício, enxofre, manganês, zinco

Ativos: Aquaporine, fator de crescimento, de pó de opala
O resultado é um equilíbrio perfeito interno e externo. Os ativos conferem a esse produto o poder de atuar diretamente na causa do problema das peles com acne, seborreia e imperfeições, pois agem como antialérgico em todas as manifestações da pele. É o único que combina ação de sensibilizante tanto da pele como do fígado.

Hidratante Bio-Vibra

Hidratante com dupla ação intensa
Tem ação regenerativa e anti-idade.
Para pele madura
Gel iônico: silício, ouro, selênio, vanádio, zinco, magnésio
Ativos: células-tronco (*mallus, vitis*), água termal fator de crescimento

Considerado um dos mais eficaz antirradicais livres e antioxidante celular, por sua ação rejuvenescedora, é indicado para mulheres acima dos 40 anos. O selênio age prevenindo contra o câncer de pele e dissolvendo nódulos.

Hidratante Bio-Vibra para pescoço e colo

Hidratante com dupla ação intensa
Para pescoço e colo
Gel iônico: opala, ouro, prata, selênio, silício, zinco
Ativos: células-tronco, fator de crescimento, aquaporine.

Atenua a flacidez e as manchas e propicia viço. Seus agentes tensores proporcionam um lifting imediato. Escolha gotas dos oligoelementos mais indicados para sua pele e multiplique os efeitos.

Serum Bio-Vibra

Serum para a área dos olhos com dupla ação intensa
Tem ação tensora, hidratante e antirruga
Gel iônico: silício, opala, ouro, prata
Ativos: células-tronco vegetais (*mallus, vitis*) e Longevecel.

Redensifica as rugas, promove firmeza quase imediata, otimiza a regeneração, a hidratação e a nutrição epidérmica, corrige as bolsas e olheiras e dá luminosidade ao olhar. Contém opala, rico em proteínas e oligoelementos com ação nutritiva; agentes avançados que melhoram a luminosidade e atenuam imperfeições e olheiras; e um tetrapéptido inovador capaz de impedir, com sua ação antiolheiras, que a gordura que protege os olhos sobressaia.

Serum Bio-Vibra

Serum para o rosto com dupla ação intensa
Tem ação tensora, iluminadora e antioxidante
Iônicos: ouro, prata, diamante, silício
Ativos: pó de opala, células-tronco vegetais, fator de crescimentos bioidêntico

Único que preenche o espaço intracelular, favorece a retenção hídrica, redensifica a pele e propicia luminosidade. O mais nobre de todos os seruns, uma combinação que atinge as principais causas da perda da juventude. Com ação antioxidante, alisa o microrrelevo cutâneo e uniformiza a tez;

diminui as rugas, hidrata e dá densidade à pele. Contém um complexo exclusivo constituído de três tipos de mineral (ouro, prata e diamante) e enriquecido com pó de opala, células-tronco vegetais e fator de crescimento bioidêntico, que confere à pele uma luminosidade natural. Sua fórmula inclui ainda ativos de efeito lifting.

Linha Corporal Bio-Vibra

Hidratante corporal Bio-Vibra

Emulsão corporal antienvelhecimento
Com ação hidratante, umectante e redensificadora
Iônicos: magnésio, silício, cálcio, manganês-cobalto, pó de opala, células-tronco
Ativos: células-tronco e pó de opala

Acelera a síntese do colágeno e repara de imediato a pele rugosa, áspera ou seca, firmando-a. Contém pó de opala, que, além de ter ação vibratória, dá luminosidade e suavidade à pele. Sua fórmula contém ainda oligoelementos com soberbas propriedades hidratantes e células-tronco, que estimula o metabolismo celular.

Gel redutor ativo

Íons: vanádio, silício, selênio, magnésio
Ativos: nanoesferas de cafeína, chá verde, L. carnitina e verbena

Estimula a microcirculação, facilitando a penetração dos ativos. Eficaz na quebra de gordura, possui ação drenante, hidratante e nutritiva. Multiatuante, agita em profundidade os três níveis (água, gordura e firmeza), elimina as gorduras localizadas e redesenha o contorno da silhueta. Aporta possantes oligoelementos. Recomendado ainda para combater a celulite, devido à sua capacidade de reduzir os triglicerídeos nos adipócitos. É polissensorial, ou seja, sua textura, cor e composição aromática são adequadas aos seus ativos e sua função. Estimula os sentidos através da ação direta sobre a pele.

Cristais de magnésio Bio-Vibra

Ativos: cristais de magnésio e extrato seco de cavalinha (silício)

A atuação desse produto nos tecidos adiposos é marca registrada de tratamento inigualável, associado ao hidratante e desinfiltrante corporal, intervém de maneira definitiva no acúmulo de gorduras lipídicas. Confere redução de medidas imediata e duradoura, beneficiando seu organismo de maneira geral pela ação desintoxicante e desinfiltrante. Se usado com água morna, promove uma termogênese, outra maneira de expulsar calorias.

Gel de silício Bio-Vibra

Íon: silício

Reconstituinte dos tecidos conjuntivos, o silício tem um importante papel contras as estrias, promovendo a firmeza e a reconstrução dos tecidos. Atua também contra a celulite e couperose e favorece a hidratação. Junto com o cobre, acelera o bronzeado, protege a pele e previne contra as micoses de praia.

É possível usá-lo para preparar misturas de oligoelementos específicos a fim de reequilibrar a pele.

Minerais catalíticos: Cálcio, cobalto, cobre, cromo, enxofre, iodo, lítio, magnésio, manganês, manganês-cobalto, manganês-cobre, cobre-ouro-prata, selênio, Selimag (lítio, magnésio, silício, zinco-cobre, e zinco-níquel-cobalto.

Gotas: gravadas no método mais moderno de digitalização "ondas sonoras através de vibração".

Pode ser usado de acordo com uma diátese ou simplesmente para potencializar os tratamentos. Junte cinco gotas de todos os elementos necessários à sua morfologia ao gel de silício (base) e use três vezes ao dia, na região afetada ou na parte interna dos braços, sempre ativando com o dedilhamento ou fazendo vibrar com aparelho próprio.

Cálcio (Ca): clareia as olheiras e manchas e controla a pressão alta e as contrações musculares. Usado com o magnésio é um bom tratamento para a dor.

Cobalto (Co): Vaso dilatador, ajuda na circulação sanguínea. Junto com o manganês, alivia dores de cabeça e enxaquecas.

Cobre (Cu): tem ação anti-inflamatória, mas também atua nos resfriados, micoses de pele e acne. Aliado ao silício, estimula a melanina no bronzeado, e adicionado ao xampu, devolve a cor natural do cabelo.

Cromo (Cr): controla a vontade de comer doces e atua nos tratamentos de emagrecimento.

Enxofre (S): sensibilizante universal, atua na dessensibilização da pele e do fígado e nas intoxicações, alergias e acne. Controla a oleosidade da pele.

Iodo (I): regulariza o funcionamento da tireoide. Com o manganês-cobalto, ajuda nos problemas circulatórios, contra a pele flácida e sem brilho e para tratar a couperose.

Lítio (Li): possui dois campos de ação: melhora as funções eliminatórias do rim e contribui no tratamento das doenças psíquicas: nervosismo, ansiedade, angústia, depressão, insônia, perturbações do humor, e na dermatose, no herpes vaginal e controla retenção de líquidos.

Magnésio (Mg): associado ao cálcio, é indicado no tratamento de algumas dores. Junto com o alumínio, ajuda a amenizar manchas na pele.

Manganês (Mn): é essencialmente um antialérgico universal. Trata a fundo todos os problemas de alergia, artrite, asma, erupção cutânea e enxaqueca.

Manganês-Cobalto (Mn-Co): é o regulador das perturbações circulatórias periféricas, vermelhidão e couperose.

Manganês-Cobre (Mn-Cu): indicado para tratar infecções, problemas respiratórios e poros dilatados.

Cobre-Ouro-Prata: é indicado em todas as perdas de vitalidade, obsessão mórbida e depressão.

Selênio (Se): estimula todas as trocas metabólicas. É também antibiótico e muito importante no combate aos radicais livres e ao envelhecimento precoce.

Selimag (Se, Li, Mg): indicado como antiestresse e para tratar pele sem brilho e sem tônus.

Silício (Si): tem ação hidratante, retém água na pele, equilibra o sistema nervoso, trata verrugas, é cicatrizante, melhora a circulação e combate a celulite.

Zinco-Cobre (Zn-Cu): indicado para todos os casos de desequilíbrio hormonal, acne, queda de cabelo, frigidez e impotência sexual.

Zinco-Níquel-Cobalto (Zn-Ni-Co): recomendado no tratamento de problemas do pâncreas, metabolização deficiente dos açúcares, diabetes e obesidade. Associado ao cromo, ajuda a eliminar a vontade de comer doces.

Uso em cabine – para aplicação com aparelhos

As soluções de **minerais bioidênticos estão prontas para serem utilizadas, devendo ser respeitadas as indicações e a preparação da pele** com a devida remoção da gordura, a realização de tonificação e gomagem quelante.

A penetração iônica é obtida através das glândulas sudoríparas e sebáceas com o auxílio de um vibrador, depois os íons se difundem até a altura das ansas capilares da derme. Daí serão captados pelos vasos e levados pela circulação geral. A ação dos minerais se faz durante a aplicação, isto é, durante o período de migração iônica.

Estudos experimentais demonstraram que, sob o efeito vibratório, o produto sofre uma espécie de dinamização. Para obter um efeito biológico determinado, a dose e a concentração necessárias do produto são muito inferiores àquelas aplicadas por outras vias (como injetável ou oral) e os resultados são melhores.

Contudo, algumas precauções devem ser tomadas na utilização dessa técnica:

- certificar-se da inexistência de peças metálicas na área a ser tratada (peças de osteossíntese, estiletes metálicos etc.);
- evitar a região cardíaca;
- evitar tratamento transabdominal em caso de gravidez;
- evitar áreas com eczemas, feridas em vias de cicatrização e infecções cutâneas;
- evitar realizar tratamento na região abdominal durante o período menstrual.

Importante: A respeito da utilização da linha Bio-Vibra, pode-se afirmar que esse método não oferece risco à saúde desde que mantido o uso recomendado.

Tratamentos de emagrecimento com aplicação do sulfato de magnésio

Os tratamentos não devem ultrapassar o período de um mês, separados por repouso de duas a quatro semanas, de maneira a evitar os fenômenos de habituação.

Começar todos os tratamentos por uma semana de sessões diárias e depois espaçar para três sessões por semana, durante as três semanas seguintes. A duração das sessões não deve nunca ser inferior a 30 minutos.

Recomenda-se a utilização de aparelhos geradores de corrente galvânica e preferencialmente que o equipamento seja provido de um sistema que permita usar a corrente pulsatória de comprimento e frequência variáveis, de modo a poder ajustá-las às necessidades terapêuticas do cliente.

A vantagem desta reside no fato de poder ionizar e estimular simultaneamente, o que se traduz num efeito mais rápido.

CAPÍTULO 8
A pele e os tratamentos

A pele

Órgão vivo de comunicação que se interpõe entre nós e o mundo, a pele, reflete nosso equilíbrio físico e psíquico. Seu estado influencia a nossa relação com nós mesmos.

Para além desses aspectos, a pele é um órgão complexo que constitui uma barreira fisiológica, resistente, flexível, impermeável e elástica, intermediária entre o meio externo e o organismo. Sem ela, a sobrevivência do ser humano seria impossível.

Devemos salientar que a pele não é apenas um tecido de revestimento, mas também tem importante papel na fisiologia, exercendo diversas funções – assim como os pulmões, o fígado e os rins – na absorção, assimilação e excreção de nutrientes.

A pele é o espelho do que se passa no interior do organismo. Ela se manifesta de acordo com nossa saúde interna. Portanto, deve ser tratada de dentro para fora.

A pele se divide em três camadas sobrepostas: epiderme, derme e hipoderme.

Epiderme

A camada córnea é constiuída por bolsas cheias de lipídios. Sua parte superior encontra-se em constante descamação. Em sua parte visível, está protegida por um filme, verdadeira barreira contra as agressões externas e a desidratação das camadas profundas.

É na epiderme que as células se reproduzem, se renovam e eliminam através da camada córnea, e é na superfície da epiderme que aplicamos os oligoelementos.

Derme

A derme, situada abaixo da epiderme, é a parte fundamental e viva da pele. Contém as redes vasculares e nervosas, as glândulas sebáceas e as sudoríparas. Seu tecido conjuntivo, formado por fibras de colágeno dispostas de forma regular, com tendência sempre vertical, formam uma malha frouxa. A substância que forma essa fibra se chama elastina, pois são fibras elásticas. O colágeno e a elastina asseguram a tonicidade e a elasticidade da pele.

Hipoderme

É a camada mais profunda, o tecido de suporte da pele. Funciona como um perfeito isolante térmico e amortece a sensação de dor.

É claro que não basta ministrar ao organismo um complexo mineral qualquer sob qualquer maneira. É preciso que esses elementos sejam ativos e metabolizáveis:

1) Essa administração deve ser muito diluída, por vezes na ordem de uma parte por milhão, quer dizer, um bilionésimo de grama por grama. Isso pode parecer insignificante, mas saiba que em um bilionésimo de grama de substância (0,000000001 g) há 2,5 bilhões de átomos (2.500.000.000) e que para ativar uma enzima basta de 1 a 10 átomos.

2) Esses átomos devem apresentar-se eletricamente carregados, ou seja, na forma ionizada. Administra-se obrigatoriamente, portanto, ao organismo soluções ionizadas, estabilizadas e selecionadas segundo suas afinidades, podendo ser difundidas por via vibracional.

Unicamente sob essa forma é que os átomos podem ultrapassar a barreira das células, inclusive as células da pele. As células, para manter um equilíbrio de cargas entre seus meios interno e externo, possuem um "sistema de bomba" que pode, quando há diferença de carga elétrica, fazer passar átomos carregados através da membrana.

Problemas de pele

A pele é o maior órgão do corpo e extremamente sensível aos distúrbios internos e agressões externas. A nutrição é um dos fatores que mais colaboram para o desequilíbrio e os problemas de pele.

A pele é o espelho dos desequilíbrios internos, e, quase sempre, o vilão são os hormônios, que dependem de uma gordura do bem para serem produzidos. Em sua carência ou excesso, são responsáveis pelo aparecimento de vários tipos de reação, como acne, psoríase, dermatites ou pequenos caroços na pele, geralmente nos braços.

Dentre as matérias-primas que pesquisei, a que mais influencia nesses casos é o óleo de peixe ômega 3. O squalene também tem papel importante.

Na Alemanha, conduziu-se uma experiência com 20 casos de psoríase aguda tratada com infusão de ômega 3. Em apenas uma semana, a melhora foi espetacular. Nesses casos, foram administradas doses diárias de 10 gramas ou mais. Porém, nos casos menos agudos de eczema tópico, doses de 500 UI junto com as refeições durante três semanas trazem resultados surpreendentes.

O óleo de fígado de tubarão (squalene) tem efeito similar ao do ômega 3 – nos casos agudos é indicado alternar os dois, pois o squalene leva oxigênio às células afetadas, aliviando-as. A dose recomendada é quatro cápsulas de squalene ao dia por duas semanas, alternadas com 500 UI de ômega 3.

A alimentação tem papel muito importante no tratamento. Devem-se eliminar as gorduras trans-saturadas, como a presente nas margarinas e em outras gorduras hidrogenadas. O açúcar também é um grande inimigo, já que alimenta as bactérias nocivas do trato intestinal, que provocam a maior parte dos problemas de pele.

Cuidado com os olhos

A região em volta dos olhos é uma das primeiras a sentir os sinais do tempo. A pele, mais fina e mais sensível, é mais sujeita a rugas, marcas de flacidez e olheiras.

Aplique sempre pouca quantidade de creme e dê preferência a seruns apropriados para essa região, como os seruns Bio-Vibra (ver capítulo 7), pois como a pele é mais fina, a absorção das substâncias é mais eficaz. Os movimentos devem ser leves, como se estivesse limpando um copo de cristal.

Atenção: intensificar a irrigação sanguínea com tapinhas ou vibrações pode aumentar as olheiras.

As substâncias ativas dos cosméticos para a área dos olhos dependem da idade da pele. Para problemas normais, basta um hidratante próprio para essa área.

Como as causas são multifatoriais (genética, racial, fotoenvelhecimento cutâneo e alterações fisiopatológicas), o tratamento deve agregar várias tecnologias.

A luz pulsada em associação com o laser fracionado – como o CO_2 e o laser erbium glass – atua na derme e na parede vascular, aumentando a produção de colágeno e elastina. A pele e a parede dos vasos tornam-se mais elásticas, densas e tonificadas, reduzindo a coloração arroxeada, tanto por conta da contração das paredes dos vasos quanto pela melhoria da qualidade da pele.

Outra opção é o preenchimento. Atualmente, com o desenvolvimento de preenchedores mais fluídos e seguros, que têm como substrato o ácido hialurônico, os resultados são excelentes.

Veja no capítulo 7 um serum para os olhos, com oligoelementos e matérias-primas fantásticas que trazem efeito quase imediato.

Cabelo

Eletrostática controlada

O cabelo eriçado ocorre porque as cutículas capilares ficam mais abertas e enfraquecidas, com os fios mais porosos. Isso acontece quando a oleosidade não está bem distribuída por toda a extensão do fio. Para combater esse problema é importante hidratar e tomar certos cuidados no momento de pentear os cabelos, por exemplo, utilizar apenas pentes de madeira ou osso com dentes largos, pois reduzem a eletrostática dos fios. Pentes de plástico devem ser banidos porque aumentam a quantidade de fios eriçados.

Quanto à hidratação, os nutrientes que deixam os fios mais resistentes são os mesmos que combatem a agressão dos raios solares: ceramidas, manteiga de carité, lanolina, cremes e óleos de onagra.

Os emissores de íons para os cabelos

As novidades chegam até os cabelos: surgem no mercado aparelhos como secadores, modeladores e emissores de íons. A revista *You Brasil* de junho de 2009 fala de aparelhos modeladores, que permitem adicionar íons negativos ou positivos de acordo com a necessidade do tratamento.

Existe uma espécie de regulador emissor de íons dentro do modelador, liberando cerca de 2 milhões de íons negativos por centímetro cúbico num raio de 15 centímetros.

A turmalina surge como mais uma tecnologia de emissão de íons presente em alguns desses aparelhos.

Pentes e escovas turbinados

Incrível! Os bobes também podem ser tratados eletrostaticamente. Isso significa que o plástico de que são compostos sofreu um processo químico com resíduos de turmalina capazes de criar esse efeito antiestático.

Os íons foram uma fabulosa conquista para facilitar o trabalho do profissional.

Alternativas naturais para tratamento dos cabelos

Várias alternativas naturais oferecem bons resultados no tratamento de problemas com os cabelos.

Brilho para os cabelos escuros

Ingredientes

- 5 gotas do oligoelemento cobre (ajuda a manter a cor do cabelo)
- 2 colheres (sopa) de cavalinha seca
- 2 colheres (sopa) de alecrim seco
- 2 colheres (sopa) de alfazema seca
- 2 colheres (sopa) de vinagre de maçã
- 500 ml de água

Preparação

Ferva a água com a cavalinha, o alecrim e a alfazema. Desligue o fogo e deixe em infusão até amornar.

Coe e junte as gotas de cobre e o vinagre de maçã.

Utilização

Aplique nos cabelos lavados e abafe por 10 minutos. Depois enxágue bem e aplique um condicionador para mantê-los hidratados.

Para cabelos loiros

Substitua as ervas por camomila e calêndula. A camomila, em sinergia com o cobre, atua sobre os pigmentos capilares, dando aos cabelos um tom mais claro e dourado com a sinergia do cobre.

Para cabelos ruivos

Substitua as ervas por hibisco e canela em pau. O hibisco e a canela têm uso medicinal. Ajudam a salientar a cor e a dar brilho aos cabelos ruivos, deixando-os com o aspecto mais bonito e saudável.

Em todas as opções, pode-se fazer um concentrado. Basta substituir metade da água por vinagre de maçã e deixar em infusão por 15 dias. Depois desse período, coe, e a mistura estará pronta para ser usada.

Para dar brilho aos cabelos, dilua 1 colher (sopa) do preparado em 1 copo de água fria (250 ml) e use como último enxágue. A solução pode ser guardada na geladeira por até um mês e aplicada em todas as lavagens.

Solução natural anticaspa

A caspa é uma descamação seca que traz grandes constrangimentos. Você poderá fazer uma solução natural eficaz graças às propriedades antimicrobianas das ervas utilizadas e dos minerais, que além de combaterem as bactérias causadoras das caspas, mantêm equilibrado o pH do couro cabeludo.

Essa é a receita de um xampu de ervas simples, natural e com baixo custo.

Ingredientes

- 6 gotas de silício, de magnésio e de enxofre
- 1 colher (chá) de tomilho seco
- 1 colher (chá) de alecrim seco
- 1 colher (chá) de sálvia seca
- 200 ml de água fervente
- 100 ml de vinagre de maçã
- 3 gotas de óleo essencial de eucalipto
- 3 gotas de óleo essencial de alfazema

Preparação

Coloque as ervas na água fervente fora do fogo e mantenha tampada até a água amornar. Coe, adicione o vinagre de maçã, os óleos essenciais e as gotas dos minerais e agite bem. Essa mistura poderá ser feita com antecedência e guardada na geladeira por até um mês.

Utilização

Lave os cabelos e retire o excesso de água com uma toalha felpuda. Aplique a solução no couro cabeludo, massageando e deixando agir por, no mínimo, 20 minutos. Lave novamente os cabelos com um xampu neutro previamente reforçado com gotas dos mesmos minerais.

Para enxaguar, utilize uma solução feita de 1 copo de água e 4 colheres (sopa) de vinagre de maçã e 4 gotas de cobre. Aplique depois do xampu em substituição ao creme de enxágue.

Atenção! Após o banho, prender os cabelos molhados é um grande erro. Depois da lavagem, os fios estão mais sensíveis à quebra. Cabelos úmidos e presos podem gerar descamação e irritação do couro cabeludo, o que acarreta dermatite seborreica e pode causar a queda dos fios. O ideal é secar e modelar os cabelos e só depois prendê-los.

Vinagre de maçã orgânico

O vinagre de maçã é obtido por meio da fermentação e posterior oxidação da fruta, como em outros tipos de vinagre.

É excelente fonte de vitaminas e minerais, proporcionando inúmeros benefícios à saúde do ser humano, principalmente devido à sua ação fortalecedora do sistema imunológico.

Principais benefícios do vinagre de maçã:

- Possui ação digestiva, contribuindo para a diminuição da gordura corporal.
- Auxilia na redução de peso e celulite.
- Regula o armazenamento de açúcares.
- É fonte de vitaminas, enzimas e ácidos orgânicos.
- É fonte de ferro e antioxidantes.
- É altamente diurético.

- Promove o rejuvenescimento da pele e dos cabelos.
- Diminui a sensação de fome.
- É fonte de fibras, que contribuem para o bom funcionamento do intestino.
- Combate doenças como anemia, artrite e asma.
- Auxilia no tratamento de calos.
- Previne contra o mal de Alzheimer.
- Controla a pressão arterial.

Por todos esses benefícios, o vinagre de maçã deve ser incluso na dieta diária como forma de manutenção da saúde. Precisa ser misturado com água devido à sua alta concentração ou consumido em cápsulas. Pode ser encontrado em farmácias e lojas de produtos naturais.

Esse ingrediente é usado em vários remédios naturais contra rinite, sinusite e problemas de pele.

Solução caseira

Ingredientes

- 1 colher (sopa) de vinagre de maçã orgânico, sem corante e sem conservantes
- 1 colher (sopa) de mel ou a gosto (importante para proteger a mucosa do estômago) misturado a 4 gotas dos minerais resultantes de sua diátese

Preparação

Misturar e tomar em jejum, lentamente. Não deve ser armazenado, deve ser tomado logo após o preparo.

Se o intestino funcionar bem, tome uma dose ao dia. Se o intestino for preso, tomar antes das principais refeições.

Flacidez facial

Os primeiros sinais de flacidez surgem com diminuição dos níveis de silício (segundo elemento mais abundante na natureza) no organismo. Essa carência conduz a uma desestruturação do tecido conjuntivo, com consequentes sinais de flacidez.

Sua reposição reforça a estrutura das macromoléculas, como elastina, proteoglicanos, colágeno e glicoproteínas, responsáveis pelas mudanças da elasticidade na maturidade. Além do silício, as alterações hormonais geram reações bioquímicas no organismo e refletem intensamente na pele.

A queda dos níveis de estrógeno reflete numa epiderme menos tonificada, mais ressecada, opaca e flácida, com aumento de sulcos e rugas.

Para tratamento do envelhecimento facial, vários métodos têm sido utilizados em clínicas, como eletroestimulação com microcorrentes, estimulação com alfa-hidroxiácidos, a isometria com estimulação de corrente farádica, massagens manuais estimulantes, máscaras, laser, cada qual corrigindo ou minimizando os efeitos desagradáveis do envelhecimento, como rugas, sulcos e flacidez, às vezes de difícil controle.

Em decorrência de todos esses fatores, os cosméticos para tratar a flacidez aderiram ao silício, associado às células-tronco, ao método vibracional e às máscaras, com metodologia que propicia um controle imediato da flacidez de face e do pescoço.

Os dois músculos frontais do pescoço dão o primeiros indícios de envelhecimento, e a maneira mais eficaz de amenizar esse inestético sinal de flacidez é o uso de cosméticos apropriados para a região, como os da linha Bio-Vibra, com produtos específicos da mais nova tecnologia à base de silício e com um interessante mecanismo de ação (ver capítulo 7). São indicados para tratar o envelhecimento cutâneo em todos os casos em que há grave comprometimento da tensão e elasticidade da pele.

Alternativamente, há os tratamento com aplicação de toxina botulínica. Nos casos de cirurgia e preenchimento, é importante consultar bons médicos para evitar riscos à saúde.

Flacidez no formato do rosto

A flacidez no contorno facial é outro sinal da passagem do tempo, e para isso há recursos menos perigosos de preenchimento. O mais recente deles é feito à base de ácido hialurônico e dextranomer, um estimulador do colágeno que dá firmeza à pele. O resultado dura em média dois anos.

Mas com ou sem cirurgia de preenchimento, cuidados devem ser tomados, como o de manter a pele sempre limpa e nutrida. O mundo dos cosméticos não tem poupado esforços nas pesquisas de novas matérias-primas e tecnologias. São minerais, como silício e zinco, coenzimas, squalene, ômegas, vitaminas e todo tipo de substância que estimule a renovação celular e melhore a elasticidade da pele.

Antes de iniciar-se qualquer procedimento deve-se pensar em nutrir não apenas a pele, mas também todo o organismo, de dentro para fora. Sempre digo que é mais fácil prevenir que corrigir.

A associação de ativos endógenos proporciona uma potente atividade antioxidante, como cápsulas de vitaminas e os cremes de última geração.

Os ativos contribuem de forma significativa para a prevenção de determinados problemas de pele e outras doenças, sendo indicados para pessoas que desejam manter o organismo revigorado, a pele mais saudável e prevenir o envelhecimento precoce.

Cápsula de beleza

Complexo antirradical livre

Usar uma cápsula ao dia durante seis meses no café da manhã.

Ativo	Concentração
Pycnogenol	10 mg
Proantocianidinas	10 mg
Exsynutriment	50 mg
Bio-arct	50 mg
Excipiente qsp	1 cápsula

Cápsula rejuvenescedora (pele, cabelos e unhas) — Ação média

Para pessoas de 30 anos.

Tomar uma cápsula diariamente antes do almoço e do jantar.

Ativo	Concentração
Metionina	200 mg
Cisteína	80 mg
Cistina	30 mg
Pantotenato de cálcio	30 mg
Extrato de milho	50 mg
Vitamina E	25 mg
Vitamina B6	10 mg
Vitamina B2	3 mg
Biotina	0,2 mg

Cápsula rejuvenescedora (pele, cabelos e unhas) – Ação forte

Para pessoas acima de 40 anos.

Tomar uma cápsula diariamente no café da manhã.

Ativo	Concentração
Metionina	200 mg
Cisteína	50 mg
Cistina	30 mg
Lactato de cálcio	35 mg
Citrato de magnésio	80 mg
Pantotenato de cálcio	50 mg
Ginkgo biloba	5 mg
Vitamina E	100 mg
Vitamina B6	50 mg
Vitamina B2	5 mg
Biotina	0,3 mg
Vitamina B1	10 mg
Vitamina C	100 mg
Gluconato de zinco	50 mg

Cápsulas de beleza anti-idade

Ativo	Ação	Concentração
Proantocianidinas	antioxidante	90 mg
Ginkgo biloba 24%	antioxidante	35 mg
Pycnogenol	antioxidante e protetor vascular	40 mg
Exsynutriment	antirradical livre antioxidante, hidratante interno e regenerador	100 mg
Coenzima Q10	fortalecedor do sistema imunológico	10 mg
Betacaroteno	fotoprotetor e antioxidante	4 mg
Vitamina C	antioxidante	250 mg
Zinco	imunoestimulante	10 mg
Magnésio	antifadiga e antiestresse	50 mg
Cálcio	repositor de cálcio	45 mg
Vitamina B1	energético e tônificante muscular	50 mg
Vitamina B6	metabolismo de proteínas	60 mg
Vitamina E	antioxidante	150 UI
Selênio	antienvelhecimento	25 mcg
Biotina	metabolismo de carboidratos, gorduras e proteínas	45 mg
Colágeno	sustentador celular	200 mg
Gelatina	firmador e tonificante	200 mg
Excipiente qsp	veículo	1 cápsula

Tomar 1 a 2 cápsulas ao dia nas principais refeições ou conforme orientação médica.

Acne e os minerais bioidênticos

A incidência de acne é de certa forma considerada uma pré-disposição do indivíduo, o que faz com seja encarada na generalidade com certo fatalismo.

Na realidade, trata-se de um problema de constituição genética, agravado na maioria dos casos por uma higiene inadequada.

A acne juvenil é normalmente de fácil tratamento, uma vez que se trata de disfunções endócrinas que podem ser corrigidas com a associação de oligoelementos bioidênticos (zinco-cobre) que regularizam essas funções.

É evidente que o regime alimentar também tem grande importância. A alimentação deve basear-se em frutas e legumes, pão, peixes magros e produtos lácteos como iogurte, requeijão e queijos magros, manteiga e mel.

As carnes e os peixes devem ser cozidos, grelhados, guisados ou refogados, nunca fritos. Batatas fritas devem ser abolidas.

O leite é contraindicado em todos os casos, contrariamente ao que se supõe. Com efeito, findo o período de amamentação, surge a insuficiência intestinal primária de lactase, enzima que permite a perfeita assimilação e digestão do leite. Deve-se então descartar o leite da dieta, mesmo que a intolerância à lactose do leite só possa tornar-se clinicamente evidente a partir da puberdade.

O consumo de derivados também deve ser bem reduzido. Procure ingerir, por exemplo, os que têm menos lactose ou os "free lactose", como o leite de cabra que tem somente 7% de lactose.

O leite deixa de ser benéfico e torna-se prejudicial, sobrecarregando o organismo e dificultando seu funcionamento.

Todos os muitos nutrientes do leite podem ser encontrados em outros alimentos. Suas proteínas podem ser facilmente substituídas pelas da carne e do peixe.

Além disso, o leite contém antibióticos e outros fármacos administrados às vacas, tanto para tratá-las de alguma doença, como também profilaticamente. Mas, além disso, subsiste o fato de que contém lactose, que o nosso organismo deixou de assimilar e tolerar.

Para reforçar o que acabamos de afirmar, observemos a natureza. Algum animal adulto mama?

Algumas vitaminas são necessárias para complementar a alimentação, nomeadamente B, C e E.

Quanto à acne que se mantém ou aparece depois dos 20 anos, o problema é geralmente mais complexo, porque vem juntar-se a um problema endócrino existente, distúrbios de ordem digestiva e muitas vezes de natureza neuropsíquica, bem como ao café, ao álcool e ao tabaco – as drogas legalizadas.

Nesses casos, as regras de higiene, de alimentação e de vida devem ser observadas com rigor.

Os regimes dietéticos simplificam a situação de maneira significativa obedecendo ao seguinte esquema terapêutico:

1. Correção com os minerais resultantes da diátese, apresentada no início do livro.

2. Uso da linha Bio-Vibra, na qual se encontra o kit de minerais iônicos com o gel de silício. (Coloque 4 gotas de enxofre, de manganês e de cobre e aplique 2 vezes ao dia, após a pele ter sido muito bem limpa e tonificada.)

3. Uso oral de vitamina C combinada com 500 UI de zinco 1 vez ao dia e 200 mg de vitamina E 2 vezes ao dia. Tomar as duas antes do almoço e jantar.

4. Vitamina B3 (niacinamida) 50 mg, uma vez ao dia.

Vitamina B5, geleia real e a acne

Conhecida como a vitamina da pele e do cabelo, a vitamina B5, ou ácido pantotênico, desempenha papel capital no organismo. É a vitamina antiestresse!

Ela protege as células da radiação (raios X), aumenta a longevidade e é muito indicada contra insônia, fadiga, fraqueza muscular e depressão. Quanto mais gordura você ingerir, de mais B5 necessitará.

O ácido pantotênico tem a capacidade de deixar os cabelos volumosos e bonitos. Cada fio de cabelo pode tornar-se dez vezes mais grosso porque este faz com que ele retenha mais água.

É indicado também para cabelos quebradiços, para neutralizar os efeitos do secador de cabelos (ar quente faz mal para o cabelo) e para combater o enfraquecimento dos fios. Protege da poluição e dos produtos químicos (xampus, condicionadores, tinturas etc.). Por fim, o ácido pantotênico é excelente para ajudar sua memória.

Também é utilizado para eliminar o mau odor dos pés, evitar as infecções e prevenir o envelhecimento precoce.

A razão pela qual a geleia real é um rejuvenescedor está em sua alta concentração de ácido pantotênico. Da mesma forma, ela é muito eficaz no tratamento da artrite, isso porque é rica no aminoácido cisteína. Contudo, essas duas substâncias podem ser adquiridas a preço bem menor através da manipulação, pois a geleia real é muito cara.

A vitamina B5 é usada no tratamento de acne, alergias, artrite e calvície. Sua carência no organismo pode causar envelhecimento precoce, imperfeições da pele e queda de cabelo.

Paba (ácido para-aminobenzoico)

Energiza e combate a rigidez muscular

Por absorver os raios ultravioletas, o paba é o componente ativo de muitos protetores solares de uso tópico.

Um suplemento oral de 75 mg ingerido antes e após expor-se ao sol é suficiente para a proteção da pele. Além disso, combate a fadiga.

Abordagem agressiva para pele áspera

Em termos medicinais, o paba é um nutriente capaz de alterar o curso de duas doenças de difícil tratamento e de alguns problemas de pele mais graves que queimaduras de sol.

Esclerodermia: essa doença do sistema imunológico faz com que o tecido duro e fibroso cresça através da pele, bloqueando o fluxo sanguíneo para os órgãos internos. Geralmente é fatal. Entretanto, o paba oferece alguma esperança. Um estudo mostrou que de um grupo de pessoas tratadas com esse nutriente, 76,6% sobreviveram mais de dez anos, quase o dobro da expectativa de vida normal da doença. Quase todas as pessoas que utilizam o paba para tratar essa doença notaram maior maciez da pele e melhora de outros sintomas.

Doenças das juntas: vale a pena tentar o paba como um possível remédio contra duas outras condições causadas pelo crescimento de tecido fibroso: contratura pós-traumática e contratura de Dupuytren. Na primeira, o tecido cicatricial endurecido forma-se próximo ao local do ferimento, limitando a flexibilidade da junta e dificultando a extensão total do dedo afetado. Na prática, o paba ajuda a aliviar todo tipo de problema dos tecidos conjuntivos, incluindo a artrite.

Descoloração da pele: o paba vem sendo utilizado há mais de 50 anos no tratamento do vitiligo (perda de pigmentação que deixa manchas na pele). Até mesmo pequenas doses podem ser benéficas, sendo possível obter melhora significativa após seis meses de suplementação regular.

Para casos de vitiligo, pode ser tomada uma dose diária de 400 mg. Mas quanto mais grave a doença, maior a dosagem necessária, sempre com supervisão de um médico.

Doença de Peyronie: nesses casos, são necessárias de 6 a 12 gramas por dia, embora a dose de 20 gramas já tenha sido usada (Paba, somente por indicação do médico, é a melhor forma de ingerir altas quantidades). Um grama, dividido em doses diárias, pode ser eficaz no tratamento da alergia ao glúten.

O estômago não tolera altas doses de paba. Contudo, afora afetar os intestinos, o nutriente não tem efeito colateral adverso se ingerido em doses abaixo de 15 gramas por dia.

Os problemas hepáticos que um estudo associou a grandes doses da substância são muito raros.

Determinadas pessoas reagem alergicamente à aplicação tópica de paba. Nesse caso, não pense que poderá tomar o nutriente via oral, mas isso não significa necessariamente que também seja alérgico a outros suplementos.

Celulite e circulação

A maior parte dos trabalhos publicados e referenciados na bibliografia médica tem assinalado a necessidade de suplementação através dos alimentos ou de complementos nutricionais. Esse é um novo enfoque para as doenças circulatórias, a longevidade e até mesmo os problemas estéticos, como celulite e obesidade.

O exemplo mais comum do aspecto da celulite é a casca de laranja, grumosa e com pequenos furinhos, e ela ocorre principalmente nos quadris, coxas e abdômen de mulheres, sendo extremamente rara em homens.

Uma das mais discutidas causas da celulite é a circulação vascular deficiente. Se a circulação é pobre, toxinas que degeneram as fibras conectivas se acumulam, resultando na aparência característica da celulite. Essa circulação diminuída é responsável pela sensação de frieza e do aspecto esponjoso da pele. A circulação linfática é bombeada pelo diafragma. Uma respiração deficiente, portanto, diminui a circulação nos vasos linfáticos, por onde corre o sangue branco que recolhe as impurezas depois de passar pelos gânglios. Ambos os sistemas, linfático e sanguíneo, precisam trabalhar eficientemente para fornecer oxigenação ao tecido.

Aconselha-se evitar o consumo de sal, alimentos picantes, cafeína e álcool. Esses alimentos contêm toxinas que não podem ser aproveitados pelo corpo e precisam ser removidas e excretadas. As mesmas toxinas são introduzidas no organismo quando a fumaça do cigarro é inalada.

A falta de exercícios não apenas reduz a atividade do sistema circulatório, sanguíneo e linfático, mas também é responsável pela redução do metabolismo, resultando na baixa eliminação de resíduos e água e no aumento dos depósitos de gordura nos músculos que perderam o tônus.

A maioria dos trabalhos publicados sobre celulite tem assinalado a necessidade da suplementação através de alimentos ou complementos nutricionais, como forma de controlar as alterações metabólicas dos aminoácidos, principalmente aqueles envolvidos na produção de homocisteína.

O segredo para evitar a formação e ajudar na eliminação desses resíduos envolve as vitaminas B12 (cianocobalamina), B9 (ácido fólico) e B6 (piridoxina).

Se, além da celulite, houver obesidade, será preciso incluir a vitamina B7 (colina e inositol). A combinação das duas é indicada para reduzir os depósitos de gordura em certos órgãos, eliminar gordura localizada e modelar o corpo.

Na maioria das pessoas, a simples administração de um complexo dessas vitaminas por um mês melhora em até 60% os danos da celulite.

Aconselha-se o tratamento localizado, três vezes por semana, com a linha redutora Bio-Vibra (consulte capítulo 7) e manutenção diária com o hidratante corporal Bio-Vibra.

Indicação de suplementos

Celulite

Ativo	Concentração
Vitamina B12 (cianocobalamina)	250 mcg
Vitamina B9 (ácido fólico)	5 mg
Vitamina B12 (piridoxina)	30 a 50 mg

Tomar 30 minutos antes das principais refeições com 250 ml de água ou chá verde.

Obesidade + Celulite

Acrescentar à formula original:

Ativo	Concentração
Vitamina B7 (colina)	250 mg
Vitamina B9 (ácido fólico)	250 mg

Tomar pela manhã e à noite com 250 ml de água ou chá de cidreira.

Atenção: os alimentos e as vitaminas indicados aqui não substituem os exercícios nem as recomendações médicas.

Uma excelente solução natural para melhorar a circulação e ajudar a combater a celulite é o sabonete energizante feito com minerais iônicos.

Ingredientes

• 4 gotas de cada um destes minerais: vanádio, enxofre, manganês-cobalto e silício

- 4 gotas de óleo essencial de alfazema e de alecrim
- 6 gotas de óleo essencial de hortelã-pimenta
- 125 ml de sabonete líquido de glicerina

Preparação

Colocar num recipiente de vidro o sabonete e todos os ingredientes e agitar bem.

Utilização

O sabonete deve ser aplicado na área afetada ou em todo o corpo com movimentos suaves com uma bucha vegetal e removido com água morna. Repita o procedimento pelo menos quatro vezes por semana. Essa solução natural proporciona bem-estar físico e mental, ativando e revigorando a circulação, além de amaciar a pele.

Hidratação de pele madura

Quando a hidratação é deficiente, a pele perde brilho e elasticidade e é preciso redobrar os cuidados. Recomenda-se, nesses casos, os hidratantes com substâncias que agem profundamente, como aquaporinas e células-tronco (linha de hidratantes Bio-Vibra).

Cosméticos com minerais iônicos levam vantagem nisso, pois conseguem manter a pele hidratada por muito tempo. O brilho e a luminosidade podem ser recuperados por meio de peelings seriados a cada 15 dias, eles renovam a epiderme, melhoram a absorção dos ativos e estimulam o colágeno.

O tratamento em cabine pode associar corrente russa, ionização com ativos hidratantes, clareadores e firmadores. A luz intensa pulsada de baixa intensidade trata as manchas, bem como o laser e a aplicação de CO_2. Procure sempre profissionais capacitados e membros da Sociedade Brasileira de Dermatologia.

Cosméticos injetáveis

Quando ocorre desidratação aliada a alto grau de flacidez cutânea, pode-se apelar aos cosméticos injetáveis, utilizados somente por dermatologistas. Utilizam-se aí as mesmas substâncias contidas nos cremes, como ácido hialurônico e glicerol, para devolver à pele a capacidade de hidratação.

O tratamento repara o colágeno e estimula sua formação. O produto é aplicado na derme, mediante anestesia tópica, em toda a face e pescoço. É muito indicado quando não se quer recorrer à cirurgia plástica.

Para a flacidez, usam-se aplicações de fibroblastos enriquecidos com células-tronco, que servem para estimular as fibras elásticas. Normalmente, é necessário um mês para que se possa apreciar o resultado final.

Células germinativas – Células-tronco para rejuvenescimento

É uma das grandes novidades. O médico retira uma pequena amostra de 1 a 2 centímetros da pele e algumas seringas de sangue e assim prepara o meio de cultivo das células germinativas em laboratório. O tecido é fatiado e induzido a produzir apenas fibroblastos, responsáveis pela síntese de colágeno e elastina. A fase de multiplicação leva de 30 a 45 dias. Quando está pronto para ser usado, é congelado com nitrogênio e descongelado de acordo com a necessidade de uso, podendo ser reservado para tratamentos futuros.

O procedimento é feito com anestesia tópica em toda a face, e, após a aplicação, os fibroblastos começam a produzir fibras elásticas. A técnica é aprovada pelo Conselho Federal de Medicina e pela Anvisa, já que usa material da própria pessoa.

Esse procedimento deve ser feito por médicos experientes e com registro no Conselho de Medicina.

Use os cosméticos Bio-Vibra para manutenção diária. Lave com a espuma, depois aplique a loção tônica e o hidratante em sequência.

No rosto, use o serum Bio-Vibra com dupla ação intensa, antioxidante, tensor e iluminador; e o hidratante Bio-Vibra.

Para a pele madura, use o hidratante Anti-Age Regeneração, com dupla ação intensa, que associa num só gesto duas fórmulas.

Use os nutritivos pele madura – Cápsulas de beleza

Ativo	Ação	Concentração
Proantocianidinas	antioxidante	70 mg
Ginkgo biloba 24%	antioxidante	30 mg
Coenzima Q10	fortalecedor do sistema imunológico e antioxidante	10 mg
Vitamina C	antioxidante	100 mg

Ativo	Ação	Concentração
Zinco	imunoestimulante	10 mg
Magnésio	antifadiga	50 mg
Cálcio	repositor de cálcio	30 mg
Vitamina B1	energético	20 mg
Vitamina B6	metabolismo de proteínas	25 mg
Vitamina E	antioxidante	100 UI
Excipiente qsp	veículo	1 cápsula

Tomar 1 a 2 doses ao dia nas principais refeições ou conforme orientação médica.

Glossário de ativos para beleza

Betacaroteno	Precursor da vitamina A, age como antioxidante, suplemento nutricional e fotoprotetor sistêmico.
Biotina	Componente importante no metabolismo de carboidratos, gorduras e proteínas. Essencial para manutenção dos tecidos epidermais (mantém a integridade da pele). Alivia dores musculares, depressão e dermatites e ajuda a diminuir os níveis de açúcar no sangue.
Cálcio	Utilizado na prevenção e tratamento da osteoporose e artrite, reduz o colesterol e ajuda a prevenir doenças cardiovasculares, câncer colorretal e hipertensão arterial.

Coenzima Q10	Fortalece o sistema imunológico, ajuda as células do coração a funcionarem com mais eficiência, aumenta a capacidade de bombeamento do coração, aumenta a absorção de oxigênio pelas células do músculo cardíaco, ajuda a reciclar a vitamina E no organismo, além de intensificar sua potência, trata a falência renal, elimina efeitos colaterais de drogas para insuficiência cardíaca, previne as lesões oxidativas dos radicais livres e combate o estresse. É o principal combustível da mitocôndria (responsável pela produção de energia na célula), protege a mitocôndria, evitando doenças degenerativas do cérebro, como perda gradual da memória, mal de Alzheimer e de Lou Gehrig e atua como antioxidante no interior da mitocôndria, destruindo os radicais peróxidos após sua formação.
Colágeno	Representa cerca de 25% de toda a proteína do organismo humano. Sua função é primordialmente estrutural, ou seja, proporciona sustentação às células, mantendo-as unidas, sendo o principal componente proteico de órgãos como a pele, além de ossos, cartilagens, ligamentos e tendões.
Exsynutriment	É um regenerador celular da pele que possui ação antirradicais livres e ajuda a manter a firmeza, a elasticidade e a tonicidade da pele. Auxilia no combate ao envelhecimento cutâneo prematuro. Ajuda a pele a recuperar a capacidade de defesa natural, afetada pela exposição aos raios UV. Contribui para a retenção de moléculas de água sobre a pele, normalizando o teor de água das células cutâneas, funciona como um hidratante interno. O silício faz parte da estrutura da elastina e do colágeno. Com o envelhecimento do indivíduo, os níveis no organismo de silício diminuem. Verificou-se, no entanto, que sua reposição promove a regeneração dos tecidos danificados. O silício orgânico estabilizado em colágeno marinho tem eficácia na recuperação e manutenção da beleza e saúde. Favorece a regeneração das fibras colágenas e elásticas e atua no sistema de auto-hidratação da pele.

Gelatina	É eficaz para a manutenção do tônus muscular e da firmeza da pele, protege as unhas e fortalece os cabelos. Contém uma série de fragmentos de proteínas que fornecem aminoácidos, fundamentais para a manutenção de ossos e para a regeneração de algumas articulações. Contém nove dos dez aminoácidos essenciais ao corpo.
Ginkgo biloba	Combate vertigens, perturbações de memória, tonturas, diminuição da audição, insuficiência arterial (circulatória) e oxidação das células.
Magnésio	Mineral usado na prevenção e tratamento de doenças cardíacas. Combate a fadiga neuromuscular, o estresse e a tensão nervosa. Combinado com cálcio, funciona como tranquilizante natural, podendo ser administrado para tratar a tensão pré-menstrual.
Pycnogenol	Extraído do *maritime pine*, é um suplemento antioxidante potente, muito eficaz na proteção das células contra os radicais livres. É também protetor vascular e cardiovascular.
Proantocianidinas	Obtidas a partir da semente de uva, tem ação vasoprotetora, antiagregante plaquetária, antioxidante, anti-hepatotóxica, antitumoral e antiviral. Também captura os radicais livres de oxigênio e protege contra a aterosclerose.
Selênio	Atua como suplemento nutritivo, anti-idade e antioxidante. Também estimula o sistema imunológico e protege contra os raios UV.
Vitamina B1	A tiamina melhora a circulação e ajuda na produção de ácido clorídrico, na formação de sangue e no metabolismo dos carboidratos. Fornece energia e atua positivamente nos problemas de crescimento e de aprendizagem. É necessária para a tonicidade muscular normal de intestinos, estômago e coração.

Vitamina B6	A piridoxina participa de mais funções orgânicas que qualquer outro nutriente isolado. Auxilia na saúde tanto física quanto mental. É benéfica para quem sofre de retenção de líquido e ajuda a metabolizar as proteínas.
Vitamina C	Consiste num dos mais efetivos antioxidantes. Possui ação antirrugas, pois reduz a degradação do colágeno e da elastina. É importante na formação do colágeno, agindo na prevenção do envelhecimento celular. Inibe os danos à pele causados pela radiação UV aumentando a elasticidade e a tonicidade. É também cicatrizante.
Vitamina E	Antioxidante que age em conjunto com outros na neutralização de radicais livres, colaborando para o rejuvenescimento da pele. Possui ação anti-inflamatória e hidratante, pois aumenta a capacidade de retenção de água prevenindo a perda da elasticidade e desidratação dos tecidos. Aumenta a atividade enzimática, reduzindo os danos causados à pele. Possui propriedades vasodilatadoras e coagulantes e pode participar na síntese e manutenção das hemoglobinas. Estimula o sistema imune e traz benefícios em tratamentos contra câncer, inflamação ocular, mal de Alzheimer, diabetes, infertilidade, pré-eclâmpsia e artrite reumatoide.
Zinco	Imunoestimulante a ser administrado em dietas pouco proteicas e ricas em colesterol. Também indicado para casos de tensão pré-menstrual e depressão pós-parto. É um mineral com ação cicatrizante e anti-inflamatória, útil no tratamento da acne.

Manchas

Inverno, momento ideal para iniciar o tratamento

Uma trégua do sol favorece a realização de tratamentos contra manchas, como a criocirurgia (cirurgia pelo gelo), peeling e aplicação de substâncias clareadoras ou descolorantes.

Brancas ou escuras, pequenas ou grandes, as manchas acabam comprometendo a aparência das pessoas, causando sempre descontentamento. Geralmente são causadas por exposição solar inadequada. É o caso da pitiríase alba, das sardas, brancas ou escuras, e das manchas senis, todas provocadas pelos descuidos no verão.

Elas apresentam coloração variada, podem ser extensas ou bem pequenas, mas quase todas têm uma causa comum: a radiação solar.

Principais manchas

Pitiríase versicolor é causada por fungo e manifesta-se por meio de manchas brancas redondas e pequenas (até um centímetro de diâmetro), que comprometem pescoço, tronco e braços. É muito comum após o verão. Seu tratamento consiste em usar minerais como iodo, enxofre e cobre diariamente, numa mistura com o gel de silício.

Pitiríase alba são manchas brancas relativamente grandes que não têm contornos nítidos. Está ligada ao ressecamento da pele causado pelo sol. A tez fica desbotada, com aspecto de batata descascada; é preciso fazer uma hidratação, aplicando-se 6 gotas de silício e lítio misturadas com gel de silício, três vezes ao dia.

Sarda branca é uma mancha muito pequena (3 a 10 milímetros) e redonda. É uma alteração crônica associada à exposição solar, que ocorre geralmente em pessoas acima de 35 anos. O tratamento é feito com os minerais cobre e silício em base de gel de silício e vem apresentando bons resultados, pois estimula o melanócito a produzir novamente a pigmentação no local.

Sarda escura está diretamente relacionada ao sol. Uma vez adquirida, essa mancha não desaparece mais, podendo apenas ser clareada. As sardas podem ser suavizadas com cremes à base de magnésio, cálcio e fósforo.

Cloasma é conhecido como mancha de grávida. Tem coloração acastanhada e não apresenta delimitação, atinge principalmente a face (maçãs e região do buço), mas pode comprometer todo o rosto. É muito comum em mulheres, e a gravidez e o uso de pílula anticoncepcional podem agravar o problema, mas também é atribuído à predisposição. O tratamento é feito à base de clareadores com magnésio, fósforo e alumínio. Recomenda-se a realização de peeling para esfoliação e troca da camada superficial da pele, onde estão localizadas as manchas. Mesmo depois de tratado, o cloasma pode reaparecer.

Manchas senis são parecidas com as sardas, só que maiores, têm coloração marrom e formato arredondado. Manifestam-se nas mãos e rosto a partir dos 30 anos. São difíceis de combater, mas podem ser eliminadas com o uso de soluções de silício com magnésio. O principal tratamento dermatológico indicado é o laser fracionado não ablativo, que tem aprovação da FDA.

O uso de vitamina C a 500 mg, vitamina E a 200 mg e filtro solar interno e externo é também recomendado.

Clarear as manchas

Hoje existem inúmeros cremes despigmentantes, mas um dos mais eficazes é um complexo de ácido kójico a 2% (ativo natural obtido a partir da fermentação de arroz), whitessence a 2% (ativo natural obtido das sementes de jaca), belides a 2% (ativo natural obtido da flor da margarida) e gel de silício (qsp).

Sugere-se aplicar sobre as áreas com manchas, duas vezes ao dia, massageando levemente até a penetração. Utilizar protetor solar.

A proteção solar oral não substitui o filtro solar e deve ser usado em conjunto com este. A seguir, a fórmula das cápsulas.

Cápsula protetora solar

Ativo	Concentração
Polypodium leucotomos	275 mg
Resveravine™	10 mg
Bio Arct	100 mg

Ativo	Concentração
Proantocianidinas	50 mg
Exsynutriment	150 mg
Oxxynea	300 mg
Extrato seco de açaí	200 mg
Sunrox	50 mg
Pomegranate (romã)	190 mg

1/2 dose. Ingerir 2 cápsulas ao dia, uma hora antes de expor-se ao sol e outra quatro horas depois da primeira.

Cápsula protetora solar simples

Ativo	Concentração
Polypodium leucotomos	250 mg
Pomegranate (romã)	190 mg
Pycnogenol (uva)	250 mg
Proantocianidinas (extrato seco de açaí)	100 mg

1/2 dose. Ingerir 2 cápsulas ao dia.

As duas fórmulas contêm ácido elágico, sendo que a primeira é mais potente. O ácido elágico encontra-se em alta concentração na romã.

Matéria-prima principal

Pomegranate (romã)

Além de conter vitamina C, vitamina B5 e potássio, a romã possui ação clareadora da pele e inibe a proliferação de melanócitos e a síntese de melanina. Já está comprovada a eficácia da romã como antibiótico natural, no caso de inflamações orais bacterianas e virais.

É indicada como clareador da pele, suplemento antioxidante, antibiótico (gargarejos reduzem o quadro infeccioso e a febre em até 24 horas), auxiliar dos tratamentos para manutenção do nível de colesterol, da menopausa, da osteoporose, do mal de Alzheimer e da perda de cartilagem em artrites. Estudo clínico do pomegranate com Ação Clareadora. Efeito Inibitório da Pigmentação Leve Cutânea Causada Pela Irradiação UV

Bronzeamento

Conquistar um corpo dourado é o desejo de quase todo mundo no auge do verão, mas expor-se aos raios solares pode custar caro. Os danos vão desde queimaduras e descamação até as desagradáveis manchas e câncer de pele.

É crescente o uso de fotoprotetores devido à maior conscientização da população perante a necessidade de proteger-se contra os malefícios da radiação ultravioleta. Por esse motivo, várias marcas de fotoprotetores foram introduzidas no mercado para atender essa demanda. Também por isso cresce a incidência de pessoas intolerantes ao uso de algumas formulações fotoprotetoras. Na grande maioria dos casos, filtros químicos (orgânicos) contidos nessas formulações desencadeiam processos alérgicos.

De acordo com publicações científicas, alguns filtros químicos podem desencadear ações hormonais (do tipo estrogênica). Portanto, a aplicação contínua dessas formulações, principalmente em crianças e gestantes, é arriscada.

Bronzeamento artificial

As câmaras de bronzeamento artificial emitem separadamente os raios ultravioleta A e B ou os dois juntos. Hoje em dia, as mais comuns são aquelas que usam apenas o UVA. Elas são menos cancerígenas que as de UVB apenas, mas a exposição persistente a essas radiações pode levar ao surgimento de tumores e provocar câncer de pele.

O lado sadio do sol só depende de você

Tomar sol moderadamente ameniza a psoríase e a acne. Os raios ultravioleta, especialmente os do tipo B, cicatrizam e reduzem inflamações. O ideal é expor-se por 15 minutos, três vezes por semana.

A exposição moderada também tem ação sobre a circulação e, consequentemente, ameniza a celulite, pois propicia a vasodilatação.

Sol da saúde

Faz bem ao coração: Para as pessoas hipertensas, o calor aquece a pele e dilata os vasos sanguíneos.

Previne o câncer de mama: A vitamina D pode interromper a progressão dos tumores.

Reforça o sistema imunológico: Na dose certa, o sol promove a vasodilatação e melhora a circulação sanguínea. Também ativa a produção das células de defesa do organismo, aumentando a imunidade.

Fortalece ossos e dentes: A exposição ao sol desencadeia a produção de vitamina D no organismo e potencializa a absorção de cálcio e fósforo.

Melhora o humor: Um dos efeitos do sol é aumentar a disposição. Ele espanta a depressão.

Sol do envelhecimento

Causa câncer de pele: Os raios UVA e UVB são causadores da doença. É necessário usar filtro solar.

Danifica a visão: A incidência da luz do sol diretamente nos olhos pode causar queimaduras. Incorpore filtros anti-UV nas lentes dos óculos de sol e de grau.

Diminui a defesa das células: Um pouco de sol aumenta as defesas, mas o excesso enfraquece as células e deixa o caminho livre para doenças oportunistas, como o herpes labial. Proteja-se com as gotas de filtro solar e use bloqueador.

Provoca rugas e flacidez: A radiação UVA estimula a produção de radicais livres e destrói as fibras elásticas e colágenas, acelerando a perda de contorno e firmeza e formando sulcos. Aposte em protetores solares com índice específico para esse tipo de raio.

Provoca bolhas e queimaduras: Os vilões da história são os raios UVB. Antes de sua pele ficar vermelha e sensível ao toque, vá para a sombra, capriche no protetor tópico com FPS 30 e por via oral.

Desidrata e leva à insolação: O calor excessivo provoca grande perda de líquidos, o que leva à fadiga, irritabilidade, câimbra, tontura, dor de cabeça e confusão mental. Entre as 10 e as 16 horas, beba pelo menos dois litros de líquido por dia e evite praticar esportes intensos, correr ou mesmo caminhar quando o sol está a pino.

Bronzeamento rápido com proteção do silício e cobre, zinco-cobre e selênio

Uma mistura de gel de silício (200 ml) mais 10 gotas de cobre, zinco-cobre e selênio (veja o capítulo 7), além de contribuir para o bronzeado, mantém a pele dourada por muito tempo mesmo longe do sol. Aplicado antes do filtro solar, produz um rápido e maravilhoso bronzeado. Umas gotas por aplicação sublingual do mineral cobre ajuda a obter uma cor mais dourada.

Detalhe: use o filtro solar sublingual, antes e após retornar da praia.

Ressecamento e queimaduras de sol

O calor do sol acaba ressecando a pele. Para impedir que isso ocorra, use sempre um filtro solar com o gel de silício e hidratante Bio-Vibra. É preciso repor a água perdida, por isso tome um banho rápido, de preferência frio ou morno, após a exposição ao sol.

Quanto ao tratamento das queimaduras, dependerá da gravidade delas. Se forem apenas bolhas pequenas e superficiais, que se rompem durante o banho, evite o sol por uma semana e use gel de silício, com magnésio e máscara de argila branca. Mas se forem grandes e profundas, procure um médico.

Para uma proteção eficaz, o fotoprotetor deve incorporar os raios UVA e UVB. O ideal é que filtre os raios solares (filtro químico) e rebata a luz do sol (filtro físico). O uso do protetor não significa que podemos nos expor ao sol por muitas horas seguidas.

A cada duas horas, deve-se repetir o filtro. Reaplique após cada mergulho. A radiação está presente mesmo em dias nublados.

Atenção à luz artificial! As luzes dos computadores e as lâmpadas fluorescentes também causam manchas e alterações no DNA da pele.

Filtros solares

O fator de proteção solar (FPS) é fundamental. Para saber como funciona, verifique em quanto tempo sua pele começa a ficar vermelha sob o sol. Se forem 10 minutos, multiplique esse tempo pelo FPS do seu bronzeador. Por exemplo: 10 minutos X FPS 8 = 80 minutos. Ou seja, sua pele estará protegida da ação dos raios por esse período de tempo.

Nutrientes — polifenóis e flavonoides

Substâncias como chá verde, suco de uva, morango, maçã, brócolis, nozes, pera, mamão, melão, cenoura e beterraba elevam a resistência da pele aos efeitos dos raios ultravioleta. Escolha um de cada cor e tome um suco antes de expor-se ao sol.

Estrias

Numa pele normal, a rede de malhas cerradas das fibras de colágeno e de elastina formam o suporte para a pele jovem e viçosa. As estrias ocorrem quando as fibras de elastina se distendem e afrouxam sob o efeito de fatores hormonais e mecânicos, provocando o deslocamento das fibras de colágeno.

No primeiro estágio, as fibras de colágeno e de elastina rompem-se provocando o nascimento da estria, sulco avermelhado, que vem a ser uma reação inflamatória da pele.

Quando o processo não é interrompido a tempo, a estria vai assumindo a típica cor nacarada. A depressão que se segue indica que a epiderme atrofiou.

Tratamento

Aplicar em abundância nas estrias o gel de silício com zinco-cobre e selênio (da linha Bio-Vibra) após um ligeiro e suave peeling. Logo após o procedimento, usar uma cápsula de vitamina E.

Para uso por via oral, indica-se as gomas de colágeno com 5-HTP 100 mg.

Ativo	Concentração
Colágeno hidrolisado	1000 mg
5-Hidroxitriptofano	100 mg
Gelatina	1000 mg

Sugestão de posologia: ingerir 1 goma antes das principais refeições, até três vezes ao dia. O efeito aparece após três meses de tratamento.

Antiestrias vegelip

Consiste num blend de lipídios vegetais, rico em ácidos graxos essenciais (EFAs), ômega 3, ômega 6 e ômega 9, desenvolvido para atuar no tratamento de distúrbios cutâneos. Ele reduz a perda transepidermal de água, inibe a formação de queloides e tem alto poder hidratante e emoliente. É indicado para tratamento de escaras e estrias vermelhas.

Sugestão de fórmula:

Ativo	Concentração
Vegelip	70%
Base de gel de silício	qsp

Aplicar na região com estrias ou queloides.

Alergias

O que causa uma reação alérgica?

A alergia é uma reação inadequada do sistema imunológico a uma substância inofensiva.

Quando os alérgenos são introduzidos no corpo por meio dos alimentos ou da inspiração, o organismo reage, fazendo com que as moléculas do anticorpo IGE liberem um número de substâncias de reação inflamatória poderosa, incluindo histamina e prostaglandinas, que causam inflamação dos tecidos afetados, estreitando a passagem do ar nos pulmões ou provocando diarreia. Os sintomas podem incluir tontura, náuseas e vômito.

Tratamento natural para alergia sem infecção

Oligoelementos 2 a 4 vezes por semana durante 3 meses.
Gel de silício com 10 gotas de manganês
Magnésio } tópico, 4 vezes por semana
Enxofre
Fósforo

Usar gel de silício com enxofre, misturados apenas no momento da aplicação. Colocar na mão uma quantidade de gel e 20 gotas de enxofre e massagear o local afetado. O alívio da coceira e a redução do inchaço são imediatos.

Vitaminas

Ativo	Concentração
Vitamina B6	250 mg/dia
Vitamina C	500 mg/dia

Usar de 10 a 20 dias por mês.

Psoríase

Milhares de pessoas sofrem desse inestético problema. Costumo dizer que os habitantes de locais com clima frio ficam em desvantagem, pois o sol e água salgada são de grande valia para o tratamento. Quando morei em Portugal, tratei de diversos casos de psoríase. Um dos casos foi uma jovem de 20 anos com placas escamosas nas costas e nos joelhos. O que mais a incomodava era acordar com os lençóis cobertos de células mortas, que muitas vezes enchiam uma pá de lixo. Em Portugal, na época, colocavam as pessoas com psoríase dentro de um túnel cheio de farelo de arroz, rico em vitaminas B.

A psoríase manifesta-se por meio de manchas vermelhas na pele, cobertas por placas esbranquiçadas que crescem e descamam.

A descamação assemelha-se a uma caspa de maior dimensão, e as manchas dão um aspecto muito inestético.

Pode aparecer em qualquer idade, mas é mais frequente que apareça em jovens. Pode atingir toda a superfície corporal, porém, as zonas habitualmente mais afetadas são os cotovelos, joelhos, virilhas, nádegas, couro cabeludo e pregas axilares. A probabilidade de se sofrer dessa doença é de 3%.

A ignorância em relação à doença leva a população a temer o contágio, porém, a psoríase não é transmissível e nem hereditária.

Além disso, a psoríase dói apenas na alma, pois a pele dos psoriáticos não dói.

Essa patologia pode ser acompanhada de reumatismo psoriático, quando as articulações são também atingidas pela doença. Essa é considerada a manifestação mais grave da psoríase e, nesse caso, pode ser dolorosa. O reumatismo psoriático pode atingir todas as articulações e levar à deformação.

Os produtos naturais úteis contra a psoríase são:

Ativo	Concentração
Biotina	50 mg
Betacaroteno	800 mg

Ativo	Concentração
Selênio quelado	50 mg
Paba	30 mg
Vitamina E	400 mg
Ômega 3	1.500 UI/dia
Ômega 6 (Gla) Squalene	6 cápsulas/dia
DHEA	50 mg/dia

Uma cápsula três vezes ao dia por 6 meses.

Usar uma loção com selênio (oligoelemento) pulverizando as lesões antes de dormir e pela manhã (loção Bio-Vibra com 30 gotas de selênio).

Alternativas naturais de tratamento

Um dos ramos que mais estudou a psoríase foi a medicina tradicional chinesa (fitoterapia e acupuntura).

Atualmente, recorremos àqueles que provaram ser mais eficazes, nomeadamente à associação acupuntura + fitoterapia + ortomolecular + exposição ao sol + água do mar + cuidados alimentares. Alcançando a cura em 40 a 60% dos casos e a melhora dos sintomas para a maioria dos pacientes.

Siga a dieta ortomolecular de acordo com seu tipo sanguíneo e pratique esportes. O exercício físico desintoxica, e o trabalho muscular consegue o aumento respiratório.

Lúpus

Nosso sistema imune está sempre vigilante, à procura de qualquer vírus ou bactéria que insista em invadir nosso corpo e nele se estabelecer. Esses germes logo são informados de que não são bem-vindos e prontamente destruídos.

Contudo, dois tipos de erros podem acontecer:

1 – Um corpo estranho não é reconhecido como tal e lhe é permitido invadir e se estabelecer.

2 – Os tecidos do corpo e das células são erroneamente identificados como estranhos, sendo impiedosamente atacados.

Esse último erro é reconhecido como autoimunidade (imunidade contra si mesmo).

Existem várias doenças autoimunes, incluindo lúpus eritematoso sistêmico, púrpura trombocitopênica imunológica, penfigoide e pênfigo, poliomiosite, cirrose biliar primária, artrite reumatoide, esclerodermia, síndrome de Sjögren e doenças de Graves (causa mais comum do hipertireoidismo).

O lúpus eritematoso sistêmico (LES) é quatro vezes mais comum em mulheres. Os sintomas incluem inflamação e dor nas articulações, erupção na pele e úlceras bucais.

Um exame especial do sangue, o teste antinuclear, é utilizado para o diagnóstico.

Lúpus sistêmico

Em geral, o lúpus sistêmico não tem relação com o eritematoso. Se for feito um diagnóstico precoce, que inclui exame clínico, biópsia da lesão e exames de sangue específicos, o lúpus cutâneo não evolui, pode ser controlado e às vezes até regride.

O dr. Suzuki e seus colegas da Faculdade de Medicina da Universidade Santa Mariana, na província de Kanagawa, Japão, constataram que quase todos os pacientes com lúpus eritematoso examinados por eles tinham baixos níveis de DHEA. O DHEA pode regular nossas defesas internas de outro modo – quando o sistema imunológico se volta contra os tecidos que deveria proteger. A administração de DHEA durante 6 meses, com doses diárias de 200 mg, reduziu acentuadamente os sintomas de lúpus num pequeno número de mulheres que participaram de um estudo, além de permitir a redução das doses de medicamentos que elas estavam tomando.

Outro estudo no Japão aponta o sucesso do uso concomitante de ômega 3 e uma concentração de EPA e DHA em 6 a 12 cápsulas diárias.

Vitiligo

O vitiligo é reconhecido como placas de pele branca, simétricas e bastante definidas em área expostas do corpo (mãos e face), em torno dos orifícios do corpo (olhos, narinas, boca e genitália), nas articulações e também no couro cabeludo. A pele atingida tem textura e aparência naturais, exceto pela falta do pigmento chamado melanina.

A melanina é um pigmento produzido por células chamadas melanócitos, que são encontradas nas células basais, na epiderme. Em torno de uma em cada dez células nessa camada é um melanócito. Sua estrutura é incomum, porque ela é ramificada, lembrando um polvo. As ramificações dos melanócitos são chamadas dendritos.

A melanina é formada por um aminoácido chamado tirosina com a ajuda de uma enzima, a tirosinase, a qual contém cobre. A produção de melanina está sob o controle do hormônio estimulante do melanócito, secretado pela glândula pituitária.

A causa básica do vitiligo não é conhecida, mas sabe-se que é hereditário e tem uma pequena relação com o estresse. Muitos fatores podem desencadear a doença: trauma emocional (depressão), mudanças hormonais (puberdade, maternidade), ferimentos e queimaduras.

Muitos dermatologistas consideram o vitiligo uma doença de autoimunidade, na qual os anticorpos, que são parte do nosso sistema imunológico, se dirigem diretamente contra os nossos próprios tecidos corporais.

Os doentes de vitiligo precisam de um bloqueador solar total, destinado a absorver tanto os raios UVA como os UVB. Eles normalmente contêm um pigmento branco, o dióxido de titânio, que atua como uma barreira entre os raios de sol e a pele.

Atualmente, há mais ajuda disponível para o tratamento contra o vitiligo. Tenho tido muito sucesso com os tratamentos que indico, aplicando as vitaminas e o mineral cobre (grande aliado da tirosinase-enzima), que auxilia na pigmentação (o mesmo que uso para acelerar o bronzeamento).

Vitaminas contra o vitiligo

Ativo	Concentração
Vitamina C	1000 mg
Vitamina B12	1200 mcg
Vitamina B9 (ácido fólico)	400 mcg

Tomar um comprimido ao dia antes da principal refeição.

Ativo	Concentração
Ômega 3	500 mg

Tomar duas vezes ao dia durante a refeição.

Squalene

Tomar seis cápsulas ao dia antes das principais refeições.

Mineral iônico cobre

Tomar 5 gotas em aplicação sublingual quatro vezes ao dia.

200 ml de gel de silício com 40 gotas de cobre.

Passar nas lesões antes do filtro solar duas vezes ao dia.

A técnica vibracional de aplicação é muito importante.

CAPÍTULO 9
Procedimentos com aparelhos

O laser e os problemas cutâneos

Sobre o tratamento com laser, busquei informações com a dra. Liane Junqueira Reis Mazzarone, dermatologista e fundadora da Sociedade Brasileira de Laser em Medicina e Cirurgia. Atualmente, ela ministra curso sobre laser na pós-graduação em cirurgia plástica do Instituto Ivo Pitanguy.

A dra. Liane comenta que com o advento do laser nos tratamentos dermatológicos, uma nova luz no fim do túnel surgiu para as pessoas que buscavam recursos mais eficazes na eliminação de diferentes lesões de pele. A cada dia, surgem novos cosméticos, aparelhos e produtos de preenchimentos, e essas incríveis novidades, como os fonocosméticos, além do laser, devem sempre se complementar. Assim, é possível obter tratamento para problemas cutâneos antes sem solução.

A palavra "laser" é a sigla para "light amplification by stimulated emission of radiation", isto é, luz ampliada por emissão estimulada de radiação. É necessária uma poderosa fonte de energia interna para provocar a amplificação da luz, tornando-a capaz de diferentes ações. A fonte de energia pode ser gasosa, líquida ou sólida.

O laser (fracionado ou não fracionado), a LIP (luz intensa pulsada) e o LED ("light emitting diode" ou, em português, diodo emissor de luz, que é uma luz contínua de baixa intensidade), são as tecnologias mais adotadas no tratamento das rugas dinâmicas.

O laser no tratamento das manchas

De acordo com o comprimento da onda, por exemplo, a energia do laser pode atuar especificamente sobre o pigmento escuro, promovendo um clareamento da pele; sobre a hemoglobina, que circula na parede de um vaso, promovendo a destruição de vasinhos indesejados; ou ainda sobre a água, gerando o calor que vai estimular a formação do colágeno nos tecidos. O melhor de tudo é que as estruturas ao redor da área tratada são preservadas. É a especificidade que confere ao laser tanta segurança, além de um tratamento melhor para a lesão.

Pode-se citar como exemplo o caso de hemangiomas (manchas vermelhas que surgem durante a formação do embrião). Nelas, o laser busca e atinge apenas o pigmento vermelho da lesão, não afetando a pele vizinha. No caso de manchas escuras provocadas por melanina, a luz agride o pigmento marrom, provocando uma reação mais suave e um tempo de recuperação menor. Em suma, o laser se presta a uma imensa gama de utilizações nos tratamentos dermatológicos.

Laser para eliminar pelos

Junto com o laser, surgiu uma nova possibilidade de eliminar os pelos indesejáveis que tantos transtornos trazem às mulheres. Nesse caso, o laser encontra o pelo buscando-o por sua cor escura, que é bastante forte na raiz. Em razão disso, a técnica não serve para eliminar pelos brancos ou muito claros.

O tratamento permite a redução dos pelos de forma rápida, segura e eficaz.

O laser no combate ao envelhecimento

Com o tempo, fatores como danos provocados pelo sol, hereditariedade, dieta inadequada e movimentos de expressão resultam nas linhas e rugas no rosto. Além disso, o desenvolvimento de alterações pigmentares, como as manchas senis ou cicatrizes de acne levam a pele a perder sua aparência jovem.

Entre as luzes que atuam no combate ao envelhecimento cutâneo, está a LIP (uma nova técnica laser). Essa técnica atua sobre os pigmentos e vasinhos da pele, deixando-a mais clara e livrando-a de diversas lesões.

Outra técnica é o resurfacing, também conhecida como peeling a laser, que promove um rejuvenescimento facial eficaz, com resultados duradouros.

É importante ressaltar que o resurfacing a laser não deve ser considerado um substituto do lifting facial, pois não retira o excesso de pele nem trata as estruturas profundas da face, que podem ser atingidas somente por meio de cirurgias.

Na história do laser, os de CO_2 mostraram ser o tipo de tratamento com resultados mais efetivos no rejuvenescimento.

O laser de CO_2 traz vantagens para o tratamento da pele danificada, substituindo-a por uma de aspecto mais rejuvenescido.

Laser fracionado ablativo (CO_2 e Erbium Yag depulso duplo)

Com essa técnica de laser, a interação é feita com a água. A luz é jogada na pele e parte em busca da água, promovendo a vaporização desta. Além disso, é um laser ultrapulsado, com um tempo de pulso menor, o que faz com que seja respeitado o tempo de relaxamento de determinada estrutura. Traz excelentes resultados com danos térmicos mínimos às estruturas adjacentes, o que é muito importante para que o tecido volte ao normal o mais rápido possível. Como ele atinge precisamente o ponto, sem lesar a pele adjacente, pode-se controlar o procedimento e adaptá-lo ao tratamento que se deseja realizar, sendo possível sua aplicação na face e em outras áreas do corpo, mesmo em peles não muito claras.

Infravermelho para tratar a flacidez

O Lux Deep IR (fracional), aparelho desenvolvido nos Estados Unidos, é considerado hoje o mais potente e moderno de sua geração. Trabalhando com um sistema que atua no comprimento do raio infravermelho, ele promete resolver os mais diversos problemas de flacidez cutânea e melhorar aquele franzido que com o tempo vai surgindo no pescoço.

É indicado para trabalhar a região do pescoço, face, abdômen e braços daqueles que buscam soluções eficazes de rejuvenescimento da pele ou que passaram por cirurgia bariátrica, recomendado também para mulheres no período pós-gravidez. É a única técnica que atua nas camadas mais profundas da pele e pode ser associada a outras técnicas de laser.

O Lux Deep IR possui um potente cooler que resfria a pele superficialmente, protegendo-a. Por outro lado, isso aquece profundamente a derme, o que promove a estimulação das fibras elásticas e de colágeno, e estimula o surgimento de novas fibras.

Como o procedimento é rápido, não deixa a pele queimando nem com aspecto avermelhado. Logo depois da aplicação, os pacientes podem voltar ao cotidiano sem que ninguém perceba alterações em sua aparência. Além disso, o tratamento pode ser aplicado em qualquer tipo de pele, de qualquer idade ou cor (também negra), e mesmo no verão (pele bronzeada).

O tratamento deve ser realizado em quatro seções com intervalos de 2 a 4 semanas. A partir da primeira seção, o paciente já pode notar a retração do tecido e uma visível melhora da textura da região tratada.

Lifting eutrófico

Há muito que venho pensando num *lifting*, mas a coragem me falta. Tenho receio de cortar ou injetar materiais e depois me arrepender. Confesso que quando fiz 40 anos dizia para todos que faria uma plástica com 50. Quando lá cheguei passei o momento para os 60 anos e agora com 70 penso que não posso mais protelar.

Ao ler na Revista Les Nouvelles Esthétiques de abril 2012, uma matéria da Claudia Nascimento, fiquei entusiasmada e vejo neste procedimento uma maneira menos invasiva. O método é um aprimoramento da técnica tradicional, com menos trauma e pós-operatório simplificado. A principal diferença é que não exige um descolamento amplo da pele do rosto, como na plástica convencional.

O procedimento é realizado com uma dissecção mínima da pele, cerca de 4 cm, próximo à orelha. O médico introduz uma microcânula sob a pele, no plano superficial, para trabalhar a flacidez da face. O excesso de pele é retirado e apenas os músculos são tracionados. Uma lipoaspiração dos excessos adiposos é feita, mas de forma seletiva para não mudar o feitio do rosto. A pele após o *lifting* fica nutrida, o resultado é natural.

O procedimento é indicado para pacientes com flacidez facial. Na maioria dos casos não precisa de curativos e não há necessidade de internação. Todo este processo é indolor. O tempo de repouso exigido é de cinco a sete dias. Sem fazer ginástica e tomar sol por 30 dias. O uso de cosméticos hidratantes deve ser contínuo e deve-se tomar as vitaminas receitadas, antes e depois da intervenção.

Ativo	Ação	Concentração
Proantocianidinas	Antioxidante	53mg
Ginkgo biloba 24%	Antioxidante	25mg
Coenzima Q10	Fortalecedor do sistema imunológico - Antioxidante	5mg
Vitamina C	Antioxidante	100mg
Zinco	Imunoestimulante	10mg
Magnésio	Combate fadiga	40mg
Cálcio	Repositor de cálcio	30mg
Vitamina B1	Energético	10mg
Vitamina B6	Metabolismo proteínas	15mg
Vitamina E	Antioxidante	100 UI
Excipiente qsp	Veículo	1 capsula
MODO DE USAR: Tomar uma dose nas principais refeições ou uma dose ao dia ou conforme orientação médica.		

Fim da gordura localizada

Um norte-americano, Rox Anderson, da Escola de Medicina de Harvard, descobriu que as células adiposas (gorduras) são extremamente sensíveis ao frio. E assim surgiu um aparelho chamado ZELTIQ, que conta com uma tecnologia à base de congelamento para destruir as células de gordura sem a necessidade de fazer uma lipo.

Essa técnica é chamada de CRIOLIPÓLISE. Resfriando a pele numa temperatura de 5 graus, as células de gordura sob o tecido cutâneo são destruídas, sem fazer nenhum dano a pele. O aparelho já foi testado em mais de 1200 pessoas nos Estados Unidos e na Europa e o resultado foi fantástico. Não é algo indicado para emagrecer, mas para tirar os pneusinhos que incomodam depois do emagrecimento. A média de perda de medidas foi de 4 centímetros por sessão. O resultado final é lento e leva até 90 dias para aparecer o resultado total.

"O método consiste em congelar as células de gordura durante uma hora, e com isso, promover, a partir do terceiro dia, uma reação que desencadeará a morte dessas células", explica o especialista. O aparelho fica ligado ao paciente, na região em que se deseja "queimar" as gordurinhas. Segundo o especialista a técnica não é dolorosa, apenas causa uma sensação de resfriamento. Para obter os resultados desejados são necessárias cerca de quatro sessões, realizadas mensalmente.

Os resultados das pesquisas apontam uma média de 22% de gordura eliminada. "O método não traz efeitos colaterais ou riscos à saúde", assegura o médico. Os efeitos colaterais são, geralmente, discretos e relacionados ao resfriamento da pele. "Ela pode ficar vermelha por alguns minutos, até horas, e temporariamente sensível no local tratado", afirmam médicos da Sociedade Brasileira de Dermatologia.

CAPÍTULO 10
Emagrecer a qualquer preço

Emagrecer a qualquer preço já se tornou uma obsessão. Às vezes, me pergunto por que a moda do século XIX, de mulheres com formas arredondadas acabou? Não preciso ir muito longe, não sou do século XIX, mas sofri muitos traumas na minha adolescência por ser muito magra. Quando me casei pela primeira vez, em Portugal, em 1968, eu pesava 40 quilos. No dia do casamento, usei um par de meias como enchimento para os meus seios (não existia silicone na época) e, para o vestido não ficar muito sem forma, coloquei uma saia de armação. Meu vestido de noiva era de veludo de seda e a festa foi na cozinha velha do palácio de D. Maria I, um luxo. Caía uma chuva torrencial, e quando saí do carro, meu vestido se molhou e o enchimento de meias ficou encharcado, foi um grande constrangimento ter de tirar aquelas meias molhadas do busto.

Não teria tido qualquer problema e se fosse hoje, estaria na moda. Agora peso 60 quilos e não me importo com o peso a mais, pois me lembro sempre da época em que fazia de tudo para engordar e acolchoar meus ossos. Confesso que me controlo bastante para não passar do limite. Embora eu seja vegetariana e tenha uma excelente saúde, os hormônios e a gravidade não poupam ninguém.

Hoje, a humanidade sofre com a imposição da moda e com os males que a gordura faz à saúde. É o que divulgam as informações dos relatórios da Organização Mundial de Saúde (OMS). Em 2007, o Brasil era o país que mais consumia inibidores de apetite no mundo, e no período entre 2001 e 2004 o uso desse tipo de medicamento dobrou. No início de 2010, as estatísticas mostraram pequena diminuição do quadro, mas a Agência de Vigilância Sanitária (Anvisa) noticiou que foram vendidas 3 milhões de toneladas desses produtos só em 2009.

Apesar de o uso desses remédios por obesos ser clinicamente indicado, eles podem transformar-se em grandes vilões devido a seus graves efeitos colaterais. Todos os produtos para emagrecer são na verdade cápsulas enganadoras para aqueles que acham que uma pequena quantidade de produto pode acionar a máquina de queimar gordura. Com o cerco cada vez mais apertado aos inibidores de apetite (sibutramina e os derivados anfetamínicos), a esperança recai sobre os suplementos naturais, feitos de substâncias retiradas das plantas, que prometem ajudar no emagrecimento. Na verdade, existem muitos produtos naturais, cientificamente testados, que são mais seguros que os inibidores tradicionais e podem ser usados por um grande número de pessoas, embora, como todos os fármacos, sejam eficazes para uns e para outros, não.

O grande equívoco é pensar que essas substâncias podem ser utilizadas isoladamente, sem acompanhamento de uma dieta apropriada e de um programa de exercícios adequado. Na verdade, não existe nada mais eficaz para emagrecer que diminuir a ingestão de calorias e queimar mais do que se consome.

Os últimos lançamentos em produtos naturais (pholia-magra, garcínia, glucomannan, hidroxitriptofano, L-teanina, slendesta) são considerados nutracêuticos. O termo abrange não somente os suplementos dietéticos, como também os produtos herbais e nutrientes isolados, entre outros que, em geral, possuem indicação idêntica aos sintéticos: modular a fome e potencializar a perda ou o controle de peso.

Dietas

O que realmente significa "fazer dieta"?

A palavra "dieta" vem do latim *diaeta* e do grego *diaita*, que significam "estilo" ou "modo de vida". Ou seja, não é uma coisa que alguém faça durante dois ou três meses e depois deixe de lado, mas, sim, a maneira como a pessoa sempre se alimenta.

Toda dieta pode ser milagrosa desde que seja qualitativa e quantitativamente adequada para o organismo.

A alimentação é, sem dúvida alguma, um caminho para o emagrecimento, a saúde e a beleza. Nela, os nutrientes representam a matéria-prima para a reconstrução orgânica, fundamental para alcançar-se o equilíbrio.

Os segredos do emagrecimento

Dieta do dr. Robert Atkins

Carboidratos x zero

Um método idealizado pelo médico dr. Robert Atkins fez muito sucesso nos anos 2000 como sendo a melhor dieta do século XXI. Sua regra número um é eliminar totalmente os hidratos de carbono (carboidratos).

Quando nenhum hidrato de carbono (o grande fornecedor de energia para o organismo) é ingerido, seu organismo começa a usar, em maior quantidade, o combustível reserva, isto é, a gordura acumulada. Portanto, a dieta resume-se em provocar um processo metabólico diferente. Nesse processo, o organismo converte-se de máquina de queimar carboidratos para máquina de queimar gordura. Nesse novo processo químico, as cetonas são eliminadas e junto com elas o excesso de peso e a fome.

Mas o que a dieta propõe?

Na semana inicial, chamada primeiro nível, as fontes de carboidrato ficam bem limitadas, com liberação de apenas 20 gramas (1 maçã pequena, 2 bananas-pratas médias, 1 pão francês sem miolo, 2 garfadas de macarrão ao alho e óleo ou 3 colheres de sopa de cubinhos de batata-inglesa cozida). Isso desencadeia um processo bioquímico em que o fígado converte gordura corporal em ácidos graxos e corpos cetônicos, substâncias que podem ser usadas pelo corpo como fonte de energia na falta de carboidrato. De acordo com o dr. Atkins, esse mecanismo, chamado cetose, é essencial para o emagrecimento.

Nas semanas seguintes, denominadas níveis um a cinco, alguns alimentos passam a ser permitidos e o limite de carboidratos sobe para 40 gramas ao dia (para não errar, multiplique por dois as opções de até 20 gramas citadas anteriormente). O principal argumento do médico americano é que quando o organismo está em cetose, a fome simplesmente não existe, o que leva a uma perda de peso rápida.

Se os hidratos de carbono são ingeridos em quantidade suficiente para produzir depósito, o organismo irá queimar a eles em vez de queimar gordura. Seguindo essa dieta, os hidratos de carbono não conseguem permanecer no organismo mais que 48 horas.

Cetose e acidose

Quando uma pessoa está eliminando cetonas pela respiração ou pela urina, diz-se que ela está em cetose.

Quando se entra em cetose por inanição prolongada ou por causa de um diabetes sem controle, isso significa uma ameaça à saúde.

Nesses casos, a cetose é perigosa porque pode acarretar a acidose, que é um problema grave. Entretanto, para uma pessoa intolerante a carboidratos, entrar em cetose deliberadamente deve ser motivo de júbilo. A eliminação de cetonas significa que o excesso de gordura está sendo usado como combustível.

A cetose é um estado desejável porque, quando se alcança esse estágio, a gordura do organismo está sendo queimada com o máximo de eficiência e o mínimo de sacrifício. A cetose desencadeia uma melhora no humor e nos níveis de energia, aumenta o otimismo e elimina a depressão e alcalinidade.

HMG — *hormônio mobilizador de gordura*

Esse hormônio só foi isolado como substância pura em 1960, quando três pesquisadores ingleses – dr. T. M. Chalmers, professor Alan Kekwick e dr. G. L. Pawan – do Hospital Middlesex, de Londres, conseguiram captá-la da urina de animais e pessoas submetidas a dietas sem carboidratos.

Em análise da urina de pacientes submetidos a dietas variadas, não se encontrou indícios de HMG durante o período em que elas não consumiram carboidratos. Porém, diferentemente do que se esperava, achou-se grande quantidade dessa substância nos períodos em que somente gorduras e/ou proteínas eram ingeridas.

Em outras palavras, o HMG é uma substância natural do corpo humano produzida apenas quando a dieta contém pequena quantidade de carboidrato ou quando há ausência deste.

Assim, a presença de HMG na urina demonstra que o indivíduo está usando as reservas de gordura como combustível para o organismo. O que se encontra na urina é o que foi eliminado após a tarefa de consumir as reservas de gordura ter sido cumprida. Na verdade, por enquanto, ainda não sabemos como esse (ou outro qualquer) hormônio atua. Podemos apenas observar seu funcionamento.

O tipo de sinal que desencadeia o fenômeno

Aparentemente, o sinal para que a glândula pituitária libere o hormônio mobilizador de gordura na circulação sanguínea é a ausência de carboidratos. Quando isso acontece, o corpo dá o comando: preciso de combustível. Libere minhas gorduras para que eu possa obtê-lo.

Cortando os hidratos de carbono, o HMG, essa substância sensacional, é liberado pela pituitária e entra em circulação na corrente sanguínea.

A produção de HMG é o objetivo máximo dessa dieta. Aliás, é a única razão pela qual ela funciona e as outras falham.

A presença do HMG no sangue garante um abastecimento contínuo de combustível advindo dos depósitos indesejáveis de gordura do corpo.

Lembre-se de que a chave disso tudo é a ausência de carboidratos no início da dieta, mais tarde, porém, eles devem ser adicionados gradativamente e em pequenas quantidades.

Mudança na coloração da urina

Quando o organismo está queimando gordura em grande proporção, as cetonas estão sendo excretadas pela respiração e pela urina. Para quem quer emagrecer, é uma situação excelente. Significa que o excesso de gordura está sendo queimado e eliminado.

Além disso, é fácil fazer o teste para verificar a presença de cetonas na urina. Coloca-se uma fita para teste de dosagem de açúcar na urina (do tipo que se compra em farmácias); a fita se tornará roxa ou verde-escura devido à presença de cetonas no meio.

Atenção: eu, particularmente, não aconselho que se siga esse tipo de dieta por mais de sete dias.

É interessante, e muito importante, após o sétimo dia, introduzir-se hidratos de carbonos lentamente, numa proporção de 90% proteína e 10% carboidrato, e a cada semana aumentar mais 10% de carboidrato.

De que maneira você pode certificar-se de que seu organismo continua atuando como uma máquina que queima gordura durante a primeira semana de regime? Simples. Essa dieta proporciona indícios externos, sinais visíveis, como a coloração da urina, de que a gordura está sendo queimada. Além do mais, você sentirá que está cada vez mais saudável e, desde que não coma nenhum alimento que contenha hidrato de carbono, poderá comer todas as outras coisas sem medo de engordar.

Atenção! A baixa ingestão de fibras leva à prisão de ventre e a outras doenças intestinais. Esse cardápio também não é indicado para gestantes e pessoas com problemas renais, já que na primeira fase a dieta significa um esforço a mais para os rins, que irão eliminar corpos cetônicos pela urina. Também não deve seguir esse cardápio quem tem níveis elevados de ácido úrico.

A tabela abaixo mostra quanto de carboidrato, proteína, gordura, vitamina e caloria cada alimento possui. Dê preferência aos alimentos que aparecem com menor nível de carboidratos.

O que você encontra em cada alimento

	Carboidratos	Proteínas	Gorduras	Vitaminas	Calorias
Amêndoa	◐	■	■	□	■
Amendoim	◐	■	■	□	■
Avelã	□	◐	■	□	■
Azeitona	□	□	◐	□	□
Castanha de caju	◐	□	■	□	■
Castanha do Pará	□	◐	■	□	■
Chantilly	□	□	■	■	■
Côco	◐	□	■	◐	■
Creme de leite	◐	□	■	■	■

	Carboidratos	Proteínas	Gorduras	Vitaminas	Calorias
Creme de amendoim	◐	●	●	◐	●
Ketchup	◐	◐	◐	●	◐
Leite de coco	◐	◐	●	◐	◐
Maionese	○	○	●	◐	●
Manteiga	○	○	●	●	●
Margarina	○	○	●	●	●
Molho inglês	◐	◐	◐	◐	◐
Mostarda	◐	◐	◐	◐	◐
Noz	◐	◐	●	◐	●
Óleo vegetal	○	○	●	○	●
Pipoca	●	○	◐	●	●
Sorvete	◐	◐	●	◐	●

Emagrecer a qualquer preço

	Carboidratos	Proteínas	Gorduras	Vitaminas	Calorias
Atum	▫	▪	▫	▫	▫
Bacalhau	▫	▪	▫	▫	▫
Camarão	▫	◩	▫	▫	▫
Boi	▫	▫	▪	▫	◩
Galinha	▫	▫	▫	▪	▫
Ervilha	▪	▪	▫	▫	▫
Feijão	▪	▪	▫	▫	▫
Grão-de-bico	▪	◩	▫	▫	▪
Iogurte	▫	◩	▫	▫	▫
Lagosta	▫	◩	▫	▫	▫
Leite	▫	◩	▫	▪	▫
Leite em pó	◩	▪	▪	▪	▪

A beleza na ortomolecular

	Carboidratos	Proteínas	Gorduras	Vitaminas	Calorias
Lentilha	■	■	□	□	◐
Ovo de codorna	□	◐	◐	■	□
Ovo de galinha	□	□	◐	■	□
Peru	◐	◐	◐	◐	◐
Queijo minas	□	□	◐	■	□
Queijo prato	□	■	■	■	■
Salmão	◐	■	□	□	□
Soja	◐	■	■	□	■
Abacate	◐	□	■	□	◐
Abobrinha	□	□	□	□	□
Acelga	◐	□	□	■	□
Agrião	◐	□	□	■	□

	Carboidratos	Proteínas	Gorduras	Vitaminas	Calorias
Alface	baixo	—	baixo	alto	—
Berinjela	médio	médio	—	baixo	médio
Beterraba	—	—	—	—	—
Caqui	médio	—	—	alto	—
Cenoura	baixo	—	—	alto	—
Cogumelo	médio	—	—	baixo	—
Couve	—	—	—	alto	—
Espinafre	baixo	—	—	alto	—
Jabuticaba	baixo	—	baixo	—	—
Maçã	médio	—	—	médio	—
Maracujá	médio	—	—	alto	—
Melancia	baixo	—	—	baixo	—

	Carboidratos	Proteínas	Gorduras	Vitaminas	Calorias
Nectarina	◐	◯	◯	●	◯
Pepino	◐	◯	◯	◐	◯
Repolho	◐	◯	◯	◐	◯
Tomate cereja	◯	◯	◯	◐	◯
Arroz	●	◯	◯	◯	●
Aveia	●	◐	◯	◯	●

Dieta de Dukan

Essa dieta, criada pelo nutricionista francês Pierre Dukan há dez anos, é uma versão moderna da dieta de proteínas do dr. Atkins.

Comenta-se que teria sido esta a dieta seguida por Kate Middleton, esposa do príncipe William, e toda a sua família, antes do casamento. Alguns tabloides arriscam que o alto grau de acidez (cetonas) produzido pela dieta é que estaria impedindo-a de engravidar.

A dieta de Dukan propõe o consumo de proteínas e permite que você coma quanto quiser dos alimentos permitidos e mesmo assim perca peso.

Pode-se usar a mesma tabela do dr. Atkins fazendo ligeiras modificações. Essa dieta inclui a ingestão de alimentos que preenchem o estômago e produzem saciedade, como o farelo de aveia que, segundo Dukan, ajuda a diminuir a fome. Outro efeito alegado é que o farelo de aveia aumenta o gasto calórico intestinal que, embora modesto, pode ser significativo a longo prazo dependendo da frequência com que a aveia for ingerida.

Outra promessa da dieta é combater o efeito sanfona com a fase de estabilização. Nessa fase, reserva-se um dia da semana para a dieta mais agressiva e, assim, consegue-se estabilizar o peso.

Em que consiste a dieta

Primeira fase: ataque. Nessa fase, que dura 10 dias, pode-se comer apenas proteínas magras (clara de ovo, peito de peru, frango sem a pele, bife de carne magra, peixe e iogurte desnatado) sem limite de quantidade. Os líquidos que podem ser ingeridos são água, café e chá sem açúcar e refrigerantes zero; os adoçantes artificiais também são permitidos. Além disso, é indicado o consumo de 2 litros de líquido e de 1½ colher de farelo de aveia por dia.

Segunda fase: cruzeiro. Essa é a fase de maior emagrecimento, só acaba quando você atinge o peso ideal (que Dukan chama de peso verdadeiro). São introduzidos alguns legumes e verduras na alimentação. Exceto os ricos em carboidratos, como os cereais, grãos e tubérculos (milho, arroz, ervilhas e batata), até se chegar ao peso desejado.

Terceira fase: consolidação. Essa fase serve para manter o peso conquistado. Repetindo o cardápio da fase anterior, com a introdução de uma fruta por dia e duas refeições livres por semana. Essa fase dura 10 dias para cada quilo de peso perdido. Por exemplo, se você perdeu 4 quilos, deve manter essa fase por 40 dias.

Quarta fase: estabilização: Agora nada é proibido, desde que com bom senso, mas é necessário repetir a primeira fase uma vez por semana. É indicado ainda o consumo de 1½ litro de água ou outro líquido permitido e três colheres de sopa de farelo de aveia por dia, além de 20 a 30 minutos de exercícios físicos diários.

Enfim, essa dieta permite a perda rápida de peso comendo-se o quanto quiser, com baixo consumo de gordura e sem o efeito sanfona.

Alerta para alguns inconvenientes

Sou contra prolongar essa dieta para além do tempo de seu ciclo completo porque o consumo de proteínas eleva a produção de corpos cetônicos, o que causa mau hálito e toxicidade.

Suspenda imediatamente a dieta, se houver tonturas, cansaço ou problemas de memória (a principal energia do cérebro é o carboidrato). O pâncreas também é afetado, já que com a ausência de carboidratos por um período prolongado a atividade desse órgão fica reduzida. Lembre-se que é ele que produz a insulina, essencial para aproveitar a energia de alimentos como os carboidratos. Quando esse hormônio permanece muito tempo no sangue, ele bloqueia a capacidade do corpo de queimar gorduras. Com isso, a perda de peso é enganosa, pois o corpo elimina apenas líquido e massa magra e preserva a gordura.

A solução é o equilíbrio. Como os carboidratos são extremamente importantes para a saúde, a manutenção da massa muscular e bem-estar geral, essa é uma ótima dieta para ser feita por pouco tempo. Não menos importante é ficar atento à quantidade e ao tipo de carboidrato ingerido e consumi-los com moderação em vez de bani-los.

Dieta do tipo sanguíneo

Para os que simpatizam com essa dieta, recomendo meu livro *Você e seu sangue*, que traz informações importantes sobre os tipos de sangue, inclusive sugestões de cardápios para cada um.

Baseada nos estudos do dr. Peter D'Adamo, essa dieta não foi formulada especificamente focando a perda de peso, mas, sim, a otimização do desempenho do organismo. O emagrecimento é apenas uma das consequências naturais da restauração do corpo.

Como a dieta do tipo sanguíneo é ajustada para a composição celular de seu corpo (diferentemente de outras dietas genéricas), determinados alimentos podem causar perda ou aumento de peso, mesmo quando têm efeito diferente numa pessoa com outro tipo de sangue.

Controlando as tendências de seu tipo de sangue, você pode ser capaz de adquirir maior eficiência e acuidade em seu trabalho e maior satisfação emocional e segurança em sua vida.

No início do tratamento, verifique se você é puro-sangue, isto é, se você não tem mistura de sangue de pai e de mãe. Suas preferências alimentares podem tender mais para um ou para outro. Ou seja, se você é tipo O, mas tem um pai ou mãe tipo A, é possível que você tenha preferências alimentares e algumas intolerâncias também do tipo A.

Para testar, no início do tratamento, independentemente de qual é seu tipo sanguíneo, retire os alimentos relacionados ao seu tipo sanguíneo e depois de 15 dias volte a introduzi-los um a um na sua alimentação, por uma semana. Anote todas as alterações que houver (sono, fome, disposição, ansiedade, dores, edemas etc.). Assim, se você for do tipo O, que é comedor de carne, e tiver retirado esse alimento por 15 dias e percebido que alguns sintomas despareceram e, ao reintroduzi-los, sentiu que tudo piorou, saberá, então, que tem influência de outro tipo sanguíneo, portanto, não é um puro-sangue.

Preparando o cenário (o teste)

Teste seu organismo retirando os alimentos que podem ser os desencadeadores de desequilíbrio. No capítulo sobre intolerância alimentar, você terá detalhes sobre cada um desses alimentos e suas reações adversas, que exigem que você coma mais antagonistas engordantes (aqueles que desaceleram o organismo).

Tente eliminar oito alimentos bloqueadores e acidificantes: leite e seus derivados, batata-inglesa, carne vermelha, cebola, tomate, laranja, glúten, sódio (consuma o mínimo possível).

Invista no consumo de alimentos que fazem bem para o sangue e exclua do cardápio aqueles que deixam o organismo fraco e vulnerável.

Resultado esperado

Perder peso é sempre possível dependendo de cada pessoa. Tenho obtido bons resultados com alguns pacientes, mas sempre associando essa dieta a outras terapias.

Tipo sanguíneo	PRINCIPAIS ALIMENTOS	
	Aumentam o peso	Reduzem o peso
O	Trigo; milho e seus derivados; feijão-roxinho e mulatinho; lentilha, couve-flor e mostarda em folha	algas marinhas e frutos do mar; fígado; carne vermelha; espinafre e brócolis
A	carne vermelha; leite de vaca e seus derivados; feijão-fradinho e mulatinho; trigo e seus derivados	óleos vegetais, especialmente azeite de oliva extravirgem; derivados de soja; legumes e verduras; abacaxi
B	carne de porco e de frango; milho e centeio; trigo e seus derivados; feijão-preto e grão-de-bico	carne de carneiro e de coelho; feijão-branco, fradinho e mulatinho; banana, uva e abacaxi; aveia e arroz

AB	carne bovina e suína; óleo de canola, milho e algodão; batata-inglesa; maionese	bacalhau; leite e queijo de cabra; ervilhas, aveia e arroz; ameixas e limão

Escolha sempre os itens menos calóricos e, caso queira fazer associações, escolha os alimentos benéficos para seu tipo sanguíneo.

Dieta da banana matutina

Surgiu no Japão, onde causou tanto furor que provocou a escassez de bananas, inflacionando seu preço, e sua popularidade se estendeu entre os nova-iorquinos.

Começou quando se descobriu que a farinha de banana verde é ótima para diabéticos e é possivelmente a dieta para emagrecer mais fácil de se seguir.

O livro que ensina a emagrecer comendo banana já vendeu mais de 600 mil cópias.

Dieta para emagrecer com banana

É simples, pois consiste em iniciar o dia comendo uma banana e bebendo 250 ml de água em temperatura ambiente, ou, se preferir, chá verde morno.

Depois disso, a pessoa estará livre para comer o que quiser durante o dia, exceto doces, as sobremesas são proibidas. O consumo de álcool é desencorajado. O jantar deve ser feito às 20 horas e deve-se ir para a cama somente a partir de 4 horas depois do jantar. Recomendo associar esta a uma das outras dietas.

Aconselha-se os exercícios apenas para os que desejarem, e, se os fizerem, devem cuidar para que seja o menos estressante possível para o corpo.

Mas a loucura dos japoneses alcançou o ápice quando uma rede de televisão local exibiu um programa em que mostrou que o pesado cantor de ópera Kumiro Mori havia perdido 7 quilos graças à dieta da banana. Desde então, as bananas tornaram-se escassas nas prateleiras dos supermercados.

A dieta da banana matutina foi desenvolvida por uma farmacêutica de Osaka com grande interesse pela medicina chinesa. Sumiko Watanabe desenvolveu a dieta para seu marido, que estava exasperado com a ineficiência dos métodos ortodoxos. O sr. Watanabe está agora com saudáveis 59 quilos para seu 1,75 metro, com um excelente IMC (Índice de Massa Corporal). Ele atribui seu emagrecimento à dieta da banana e sua abordagem sem estresse.

As bananas são ricas em amido resistente, um tipo de fibra encontrada em comidas cheias de carboidratos, especialmente em frutas verdes. O amido resistente não é digerido pelo intestino delgado, além disso, produz a sensação de saciedade e aumenta a capacidade do corpo de queimar gordura.

Siga os passos da dieta da banana matutina:

- Inicie o dia comendo uma banana e bebendo 250ml de água em temperatura ambiente ou chá verde morno.

- Coma o que quiser no almoço ou no jantar (mas sem sobremesa).
- Coma apenas um doce por dia, no meio da tarde.
- Evite os lanchinhos ao longo do dia.
- Jante até às 20 horas.
- Só vá dormir 4 horas após o jantar.
- Não é necessário fazer exercícios, mas se os fizer que sejam leves.

Segundo Lisa Drayer, autora do livro *The Beauty Diet*, não é possível afirmar que a banana emagrece, mas, como é um alimento nutritivo, ela é importante numa dieta para emagrecer.

De acordo com essa autora, a dieta pode funcionar porque as bananas são ricas em fibras e vitaminas e têm poucas calorias. Também são excelentes substitutas para os cereais açucarados ou os pães recheados de laticínios que comemos no café da manhã.

Dieta das 3 horas

A ideia básica dessa dieta é evitar a fome e estimular o metabolismo, fazendo-o trabalhar sem parar, além de reduzir a ação do hormônio cortisol, que estimula o desejo por doces.

Ela é uma das dietas mais fácil de acompanhar, pois o intuito é não sentir fome, mas é preciso muito cuidado com o que e quanto se come. Se houver exagero, obviamente vai engordar.

A alimentação fracionada e bem distribuída ao longo do dia evita que o organismo armazene energia para suportar longos intervalos de jejum. Nessa dieta, não se deve excluir nenhum grupo alimentar, mas, apesar de não haver proibição nem valor energético determinado, vale usar o bom senso para controlar as calorias.

Como funciona

Como em toda dieta, a quantidade é o segredo. Por isso, recomendo que em todas as refeições use-se uma medida: feche a mão e coloque em cima do alimento e coma apenas o que coube dentro desse perímetro.

De líquidos ou sopas, tome duas conchas ou duas xícaras para as refeições principais e uma concha ou xícara para as intermediárias.

No café da manhã, um copo de chá com adoçante, uma fatia de pão integral com ricota ou cottage e uma fatia da fruta de sua preferência. Entre o café e o almoço, faça um lanche, que pode ser um copo de iogurte light ou uma fatia de fruta.

No almoço, um pires de panaché de legumes, três colheres de arroz integral, uma concha rasa de feijão, um filé de frango ou um bife grelhado. O lanchinho da tarde pode ser uma taça pequena de salada de frutas. No jantar, duas conchas de sopa de ervilha ou legume ou canja, salada de verdes e um filé pequeno grelhado de carne ou de frango ou uma colher de patê de peru.

Quando o dia for muito estressante e movimentado, deve--se dobrar a dose do almoço. Sem dúvida, é um cardápio que pode ser seguido até se atingir o peso desejado. Não descarte a flexibilidade esporádica de consumir algo mais calórico, como uma pequena porção de doce ou sorvete. Mas essa extravagância fica permitida raramente.

Essa dieta não tem contraindicações, e, dependendo do nível de atividade física, pode-se perder até 1 quilo por semana. Contudo, pode ocorrer de a pessoa passar do limite nas refeições e não praticar nenhum exercício, então, em vez de emagrecer, ela irá engordar. Isso pode acontecer em qualquer dieta.

Apesar do cardápio equilibrado, nem todas as refeições são digeridas e suas calorias consumidas durante as 3 horas. Pode haver sobreposição de refeições, principalmente se a pessoa for sedentária, por isso a importância dos exercícios para um emagrecimento efetivo e para a manutenção do peso.

Dieta do chá verde

Beber algumas xícaras de chá verde todos os dias vale a pena. Os benefícios aparecem logo, principalmente na hora de vestir uma calça com facilidade.

Essa bebida milenar tem poder de fazer emagrecer, e há comprovação científica disso. Uma pesquisa publicada no *American Journal of Clinical Nutrition*, conceituada revista da Sociedade Americana de Nutrição, acompanhou dois grupos de gordinhos. Ambos seguiram um cardápio de baixa caloria, mas só o primeiro bebeu de 6 a 8 xícaras de chá verde por dia. No final do estudo, esses pacientes queimaram 4% mais gordura que o grupo que passou longe do chá.

Para um bom resultado, você deve tomar diariamente pelo menos cinco xícaras. E, é claro, seguir ainda uma das dietas aqui apresentadas. A combinação chá verde e dieta pode fazê-lo emagrecer até 5 quilos em 15 dias!

Emagrecer é apenas uma das vantagens oferecidas pelo chá verde. Estudos feitos em importantes centros de pesquisa dos Estados Unidos e da Europa mostraram que ele também faz bem para a pele. Extraído da planta *Camellia sinensis*, o chá verde possui alto teor de antioxidantes considerados mais potentes até que os carotenos e as vitaminas C e E, substâncias que atuam contra as rugas precoces.

Outra pesquisa, dessa vez realizada pela Universidade de Tohoku, no Japão, e publicada recentemente no *The Journal of the American Medical Association* (Jama), mostrou que a erva é eficaz na prevenção de doenças do coração. Seus compostos reforçam as artérias, diminuem as taxas de colesterol ruim e bloqueiam o acúmulo de gordura na parede dos vasos sanguíneos e ainda melhora a memória.

É muito fácil preparar o chá verde, mas há alguns segredinhos importantes para você preservar os princípios ativos da erva. Primeiro, coloque a água para ferver e assim que surgirem as primeiras bolhas de ar (antes de começar para valer o processo de ebulição), apague o fogo. Então acrescente a erva (o ideal são duas colheres de sopa para um litro de água, mas comece com apenas uma colher, pelo menos até você acostumar-se com o sabor do chá) e abafe por dois ou três minutos. Depois é só coar e tomar. Se for mais fácil para o seu dia a dia, faça uma garrafa concentrada (em vez de duas colheres de sopa, use quatro). Na hora de usar, preencha metade da xícara com o concentrado e complete com água. Guarde o concentrado na geladeira.

Para adoçar, use mel com quatro gotas de cada um dos seguintes minerais para emagrecer: vanádio, silício e selênio.

Você pode combinar o chá verde com erva-cidreira, hortelã, erva-doce, casca de frutas (abacaxi ou manga) ou maçã desidratada para suavizar o sabor amargo, sem contudo interferir nos efeitos terapêuticos da *Camellia sinensis*. Faça assim: ferva um litro de água com um pedaço médio de casca de abacaxi ou um punhado de folhas de cidreira, por exemplo. Desligue o fogo e acrescente o chá verde. Abafe por dois ou três minutos e coe.

O consumo do chá verde é milenar e não há notícias de efeitos colaterais, a não ser nos que têm sensibilidade à cafeína, presente na composição.

Dieta da lua

Como em todas as outras dietas, sugiro que você escolha duas dietas que mais se adaptem ao seu gosto e faça junto com a dieta da lua.

Essa é uma dieta antiga. Lembro-me desde criança de minha irmã Maria, que sempre foi gordinha, fazendo essa dieta. Ela preconiza que as mudanças de fases da lua influenciam nos líquidos do nosso corpo. Por isso, ela se baseia na ingestão exclusiva de líquidos com baixo teor calórico durante 24 horas nos dias de mudanças das fases lunar ou quatro vezes por mês (basta ver no calendário). Nesses dias, todo alimento sólido é proibido, a pessoa deve consumir sopas batidas, muita água (mais de três litros), chás e cafés, sempre sem açúcar, e iogurtes dietéticos batidos com frutas vermelhas.

Minha irmã emagrecia até um quilo por semana, mas depois engordava o dobro, pois não fazia dieta no resto da semana. Acredito que ela ajude bastante, desde que você adote uma das outras dietas para o resto da semana.

O programa das fases da lua parte do seguinte princípio: a lua nova favorece o início do regime e controla a fome; na lua crescente, o controle deve ser maior, é a semana em que não se pode sair da dieta, pois a tendência é armazenar gordura; na fase minguante, a compulsão alimentar diminui e fica mais fácil eliminar líquidos retidos, que voltam na lua cheia, pois é a lua que favorece a retenção de líquidos.

Especialistas em nutrição não acreditam nem apoiam essa dieta, pois não há comprovação científica alguma a esse respeito. Eu, particularmente, acho que as fases da lua têm muitas influência no organismo. Penso sempre na natureza, nas marés que sobem à noite e baixam durante o dia, no nascimento dos animais, contados sempre por luas. A Terra sofre uma pressão quando está mais perto de certos astros, e nós nos ressentimos disso.

Mesmo que essa dieta não faça emagrecer, ela pode servir para uma reeducação alimentar, no caso de o cardápio do dia a dia ser readaptado para uma versão mais saudável.

Como é feita

Durante os quatro dias de mudança da lua, é preciso tomar sopa de legumes ou verduras, chás, cafés e muita água. O ideal é tomar um suco de frutas ao acordar e após 2 horas repetir a dose, mas com outro tipo de fruta. A sopa batida substitui o almoço, e 2 horas mais tarde deve-se tomar um suco reforçado, de qualquer tipo de fruta que contenha bastante fibra (maçã, abacaxi, framboesa, laranja, melancia), um tipo de verdura (couve, espinafre) e um de hortaliça (manjericão, aipo, aspargo). Depois, por duas vezes seguidas, em intervalos de 2 horas, repete-se o copo de suco de fruta de sua preferência. Mais 2 horas e outro prato de sopa batida de legumes.

Promessa

A dieta promete a perda de até 1 quilo por semana, desde que nos dias fora da dieta se faça uma dieta alimentar balanceada, com controle de calorias. Do contrário, o peso pode ser recuperado.

Desde que não seja feita por períodos longos, essa dieta não traz nenhuma contraindicação.

Dieta do shake

A principal indicação da dieta dos shakes, tanto os industrializados quanto os caseiros, é substituir uma das refeições diárias por essas bebidas, a fim de acelerar o metabolismo e promover a perda de peso. A quantidade de substituições varia de acordo com o peso que se pretende perder, porém, os profissionais da área de nutrição indicam que se troque no máximo uma das refeições principais (o ideal é escolher aquela em que se come mais) e um lanche.

"O shake pode fazer as vezes de uma ou duas refeições diárias, mas deve sempre substituir e nunca somar ao cardápio. Vale controlar as calorias ingeridas ao longo do dia, para que não ultrapassem a quantidade máxima indicada por pessoa. Um nutricionista pode fazer essa indicação", explica a nutricionista Cinara da Silva Carvalho.

É bom ficar atento na hora de comprar ou preparar em casa a bebida, pois ela deve conter todos os nutrientes necessários ao organismo, que seriam encontrados na refeição, como fibras, sais minerais, carboidratos, proteínas. Se o shake for industrializado, na descrição do rótulo é preciso checar se é livre de gorduras saturadas e transaturadas e de açúcar e observar se contém proteínas (encontrada no leite e nas carnes branca e vermelha), carboidratos, vitaminas, sais minerais, fibras solúveis (como a aveia) e insolúveis (como linhaça e gergelim). O ideal é que não contenham mais que 130 calorias por porção, ou três colheres de sopa do produto, o suficiente para render um copo de 250 ml. Se preferir, adicione fibras ao composto comprado, juntando maçã, maracujá, granola, soja ou farelo de aveia, sem exagerar nas quantidades.

Se for preparada em casa, a bebida deve ser feita à base de leite ou iogurte desnatados, frutas (ou hortaliças e castanhas), aveia e linhaça.

O ideal é associar alternadamente a esta, outra dieta, para assim evitar-se o déficit de vitaminas.

Como é feita

O shake deverá substituir apenas uma das três refeições principais (café da manhã, almoço ou jantar) e um dos lanches. Quando tomar a bebida (um copo de 250 ml) no lugar da refeição principal, consuma também outros alimentos, como uma fruta ou verdura, para que o corpo não sofra carência nutricional.

Se a primeira refeição for shake, inclua uma fatia de pão integral com uma fatia de queijo magro. E se a ideia for fazer em casa, combine um pote de iogurte desnatado, três tipos diferentes de fruta (apenas meia porção de cada) e duas colheres de sopa de gérmen de trigo, linhaça ou aveia. O lanche pode ser uma fruta pequena. No almoço, se não for tomar o shake, coma um filé de carne, frango ou peixe grelhado, uma porção média de verduras e três colheres de sopa de arroz integral. O segundo lanche pode ser uma xícara de chá (sem açúcar) e um pote pequeno de salada de frutas.

O jantar, se não for o shake, deve seguir o mesmo cardápio do almoço. Se preferir, varie o tipo de verdura. Antes de dormir, tome uma xícara de chá verde ou de camomila.

Então, se a bebida entrou no café da manhã, não entra no almoço nem no jantar, alternando-a entre as refeições principais.

Com essa dieta associada a outras, como, por exemplo, a do tipo sanguíneo ou a da lua bem equilibrada, pode-se perder até 4 quilos em um mês. Mas se não houver reeducação alimentar aliada à prática de exercícios físicos, o rebote pode ser pior do que não ter feito a dieta.

Contraindicação

Os profissionais de saúde alertam aos que pensam em aderir a essa dieta que as refeições devem ser bem equilibradas para que não faltem nutrientes.

Opções de coquetéis

Procure sempre as frutas permitidas ao seu tipo sanguíneo.

Opção 1
- 1 pote de iogurte desnatado (ou leite de soja ou de cabra)
- 5 morangos frescos
- 1 sachê (5 g) de goma guar
- 250 ml de água
- 1 colher (sopa) de aveia (para os que não podem comer aveia, substituir por linhaça dourada)

Bata todos os ingredientes no liquidificador, exceto a aveia, por 30 segundos. Depois junte a aveia e misture sem bater.

Opção 2
- 1 colher (sopa) bem cheia de leite de cabra em pó

- 1 maçã vermelha
- 1 sachê (5 g) de goma guar
- 250 ml de água
- 1 colher (sopa) de aveia em flocos grossos (pode ser substituída por farinha de maracujá, que reduz os níveis de açúcar no sangue)

Bata todos os ingredientes no liquidificador, exceto a aveia, durante 30 segundos. Depois junte a aveia e misture sem bater.

Opção 3
- 200 ml de suco de pêssego sem açúcar
- ¼ de 1 cenoura pequena
- 1 sachê (5 g) de goma guar

Bata todos os ingredientes no liquidificador e beba sem coar.

Opção 4
- 200 ml de suco de tangerina ou abacaxi
- 1 banana pequena
- 1 colher (chá) de suco de limão
- 2 colheres (sopa) de linhaça

Bata todos os ingredientes no liquidificador e beba sem coar.

Opção 5
- 1 pote de iogurte desnatado
- 1 banana pequena
- 2 amêndoas

- 1 colher (sopa) de linhaça

Bata todos os ingredientes no liquidificador e beba sem coar.

Opção 6
- 200 ml de iogurte desnatado
- ½ mamão papaia
- 2 colheres (sopa) de farinha de linhaça dourada

Bata todos os ingredientes no liquidificador e beba sem coar.

Opção 7
- 1 banana
- 1 punhado de espinafre
- 1 punhado de salsinha
- 1 colher (sopa) de linhaça
- 200 ml de água

Bata todos os ingredientes no liquidificador, junte gelo e beba sem coar.

Opção 8
- 250 ml de suco de uva preta
- 1 sachê (5 g) de goma guar

Bata todos os ingredientes no liquidificador, junte gelo picado e beba sem coar.

Exercícios – Acelerando o processo de emagrecimento

O segredo para acelerar o emagrecimento está em, além da ingestão de menos calorias, fazer exercícios físicos. Procure manter uma dieta que inclua de 1.200 a 1.600 calorias diárias (tomando cuidado para não permanecer por mais de uma semana com a mesma ingestão calórica). A tabela a seguir vai ajudá-lo a controlar os alimentos menos calóricos.

Suplementos, ervas, minerais e vitaminas são complementos que aceleram o metabolismo, assim como a ingestão de alimentos de acordo com seu tipo sanguíneo.

Os exercícios físicos são cruciais para sua dieta, seja ela para emagrecer, rejuvenescer ou simplesmente tornar sua vida mais saudável.

A circulação de retorno é processada por meio dos movimentos do corpo, principalmente pelo caminhar, uma vez que a musculatura da panturrilha, também chamada de "coração periférico", faz com que o sangue vença a gravidade e seja bombeado de volta, assegurando uma boa circulação para todo o corpo.

Um exercício simples como ficar na ponta dos pés e fazer movimentos sincronizados para cima e para baixo, partindo de 10 e evoluindo gradativamente para, no máximo, 120 repetições de 2 a 3 vezes ao dia comprovadamente melhora a circulação e, de quebra, ajuda a perder barriga.

Dietas sem exercícios físicos sempre fracassam na fase de manutenção do peso. Para conseguir uma perda de 4 quilos de peso corporal por mês, é necessário fazer exercícios que consumam 14 mil calorias armazenadas. No entanto, para manter a saúde geral, exercícios moderados são suficientes.

Mas o que são exercícios moderados? São 30 minutos, contínuos ou não, de atividade física várias vezes por semana. Pode ser 10 minutos de caminhada na hora do almoço, 10 minutos depois do jantar. Subir quatro lances de escada ou andar 10 minutos de bicicleta. A meta é queimar 150 calorias por dia na forma de exercício, ou mil calorias por semana, e, para tanto, bastam 30 minutos de caminhada diária.

Atividade	Calorias gastas – 30 min
dança de salão	330
andar de bicicleta a 9 km/h	210
trabalho de escritório	132
dirigir carro	168
jardinagem	220
cavalgar (trote)	480
levantar pesos (em pé)	252
cozinhar	198
andar de skate	350
correr a 16 km/h	900
fazer faxina	216
sentar e comer	84
esquiar	594
dormir	60
manter-se de pé	130
varrer	102
caminhar a 3,5 km/h	30
nadar (em ritmo de recreação)	300
caminhar a 4 km/h	216
hidroginástica	30
pular corda	60

Os alimentos e suas calorias

Alimento	Calorias
maçã (150 g)	50
bolo de chocolate (40 g)	130
milk-shake de chocolate (342 ml)	420
batata frita e semelhantes (60 g)	155
peixes grelhados (100 g)	150 a 200
suco de frutas (200 ml)	18 a 145
vitamina de frutas (com água) (200 ml)	130 a 199
carne vermelha (100 g)	235 a 380
frango (100 g)	110 a 224
legumes e verduras (100 g)	16 a 119
batata-inglesa (100 g)	143 a 368
arroz (100 g)	22 a 68
feijão (25 g)	23 a 88
aveia e farelos (15 g)	56 a 110
macarrão e massas congeladas (300g)	104 a 500
pizza (1 fatia média)	231 a 521
macarrão instantâneo (1 pacote de 85 g)	525
leite em pó preparado (200 ml)	217
iogurte natural integral (200 ml)	140
iogurte natural desnatado (200 ml)	70
iogurte com frutas (200 ml)	140
café com leite (200 ml)	125
leite de soja (200 ml)	184
doces (100 g)	110 a 545
clara frita (1 unidade)	14
gema frita (1 unidade)	60 a 108
sorvete e milk-shake (200 ml)	94 a 674
cerveja (240 ml)	101

Alimento	Calorias
batidas alcoólicas (200 ml)	251
vinho (uma taça)	65 a 142
bebidas energéticas tipo cola (200 ml)	15 a 145
margarina (100 g)	740
manteiga (10 g)	76
óleos e azeites extravirgens (1 colher de sopa)	90 a 180
castanha-do-pará (10 unidades)	1049
amêndoas (10 unidades)	645
frutas secas (150 g)	435 a 500

CAPÍTULO 11
Tratamentos para reduzir medidas

É necessário tirar as medidas periodicamente para controlar a perda de gorduras localizadas com as dietas. São elas: cintura, (quatro dedos acima do umbigo), estômago (quatro dedos acima da cintura), coxa direita, coxa esquerda, joelho esquerdo e joelho direito.

Cristais de magnésio + hidratante corporal Bio-Vibra

O sulfato de magnésio em forma de cristais proporciona a perda rápida de medidas. A aplicação é feita com compressas de toalhas quentes (ou bandagens do tipo atadura) umedecidas numa solução de um sachê de cristais em 500 ml de água quente.

Você vai precisar de:
- fita métrica
- 2 toalhas de rosto
- 1 par de luvas de borracha
- 4 bandagens
- 1 pedaço de plástico resistente
- gel redutor de medidas Bio-Vibra

- 10 sachês de cristais de magnésio Bio-Vibra
- 1 vibrador
- peeling trifásico Bio-Vibra
- hidratante corporal Bio-Vibra

Aplicação

Tire as medidas dos locais a serem tratados.

Limpe a região com o peeling bio-Vibra. Depois, massageie o local, aplicando o Hidratante Corporal Bio-Vibra com o vibrador em movimentos rotativos no sentido horário.

Dissolva um sachê de cristais de magnésio Bio-Vibra em 500 ml de água quente. Embeba as duas toalhas na mistura, torça uma delas e mantenha a outra na água quente.

Massageie o local por dois minutos. Troque a toalha, colocando a usada novamente na água quente com o magnésio, e assim sucessivamente por no mínimo 20 minutos.

Em vez das toalhas, você pode colocar bandagens e abafar com um pedaço de plástico, lembrando que elas devem estar bem molhadas para proporcionar uma boa penetração do magnésio.

Dicas que ajudam a otimizar o emagrecimento e o rejuvenescimento

1. Alimente-se a cada 3 horas.

Não deixe seu organismo perceber que você parou de alimentá-lo. Jejuns prolongados significam redução no ritmo das funções metabólicas, ou seja, o corpo está economizando energia, isso acarreta resistência à insulina, o que facilita o ganho de peso.

2. Apague a luz.

Para perder peso natural e rapidamente, você precisa dormir em total escuridão. A Universidade de Chicago realizou um estudo que comprova isso. No teste, um indivíduo completamente coberto recebeu a emissão de luz através de um tubo de fibra óptica atrás de seu joelho. Apesar de emitida apenas sobre uma parte bem pequena do corpo, a luz fez com que se interrompesse a produção do hormônio HMG (Hormônio Mobilizador de Gordura). Isso significa que todas as células da pele leem a luz até sua glândula pineal. Qualquer parte de seu corpo registrará a menor fresta de luz em seu quarto. Então cubra tudo que for iluminado, até o relógio digital. Mantenha as luzes da casa numa intensidade baixa após o escurecer.

3. Cuidado com o sódio!

Nossa alimentação cada vez mais está baseada em produtos industrializados, que contêm um excesso de açúcar, sal (cloreto de sódio) e conservantes. Os índices às vezes beiram o absurdo, com quantidades muito acima dos padrões estabelecidos para uma dieta saudável. Isso pode ser constatado até nos alimentos mais simples e corriqueiros, como pães e biscoitos.

O sódio, que é usado como conservante alimentar, é um grande causador de problemas. Ele provoca a retenção de líquidos e prejudica a circulação, acarretando doenças cardíacas e degenerativas.

Recentemente, a Vigilância Sanitária deu um prazo de três anos para as indústrias alimentícias rejeitarem produtos com quantidade de sódio elevada. Até lá, você é que deverá fazer uma seleção, averiguando a quantidade do vilão nos alimentos.

Atenção! Reserve para o café da manhã e almoço os alimentos mais calóricos, pois a cronobiologia mostra que antes das 15 horas o organismo queima mais facilmente o que ingerimos, depois disso tende a estocar as calorias em forma de gordura.

Eficácia X segurança

Emagrecer com suplementos

Escolha a fórmula que mais se adapta à sua dieta. Estão disponíveis três combinações dependendo de quão radical for o emagrecimento.

Indicação das fórmulas de emagrecimento

- Para dietas de emagrecimento
- Para tratar prisão de ventre e retenção de líquidos
- Como acompanhamento para dietas

Ação

- Suprime o apetite
- Estimula a quebra de açúcares
- Estimula a termogênese (queima de gorduras)
- Funciona como laxante e diurético
- Combate a flacidez decorrente do excesso de peso
- Evita o efeito "rebote"
- Auxilia no controle de triglicérides, colesterol e glicose
- Auxilia na recuperação da tonicidade muscular
- Combate a celulite
- Auxilia no combate à gordura localizada

Fórmula 0 (fraca)	Ativo	Ação	Concentração
	Koubo	moderador de apetite	200 mg
	Irvingia gabonensis	inibidor da enzima de conversão das gorduras	150 mg
	Slendesta	regulador da ansiedade e do apetite	200 mg
	Picolinato de cromo	acelerador da perda de peso total	100 mcg
	Chitosan qsp	veículo	1 cápsula
Modo de usar	Ingerir uma cápsula 2 horas antes do almoço e do jantar ou conforme orientação médica.		

Fórmula 1	Ativo	Ação	Concentração
EMA I	Centella asiatica	anticelulítico	100 mg

Fórmula 1 (cont.)	Ativo	Ação	Concentração
EMA I	Cáscara-sagrada	laxativo	200 mg
	Cavalinha	diurético e laxativo	100 mg
	Garcínia	inibidor de apetite e queimador de gordura	100 mg
	Fucus	diurético e laxativo	50 mg
	Glucomanan	sacietógeno e inibidor de apetite	100 mg
	Excipiente qsp	veículo	1 cápsula
Modo de usar	Ingerir uma cápsula 2 horas antes do almoço e do jantar ou conforme orientação médica.		

Fórmula 2	Ativo	Ação	Concentração
EMA II (ação média)	Centella asiatica	anticelulítico	100 mg
	Aloína	laxativo	10 mg
	Garcínia	inibidor de apetite e queimador de gordura	200 mg
	Fucus	diurético e laxativo	50 mg
	Glucomanan	sacietógeno e inibidor de apetite	100 mg
	KCl	repositor de potássio	20 mg
	Picolinato de cromo	queimador de gordura	100 mcg

Fórmula 2 (cont.)	Ativo	Ação	Concentração
EMA II (ação média)	Faseolamina	inibidor da amilase	100 mg
	Bisacodil	laxativo	3 mg
	Excipiente qsp	veículo	1 cápsula
Modo de usar	Ingerir uma dose 2 horas antes do almoço e uma dose 2 horas antes do jantar ou conforme orientação médica.		

Fórmula 3	Ativo	Ação	Concentração
EMA III (ação forte)	*Centella asiatica*	anticelulítico	100 mg
	Aloína	laxativo	20 mg
	Garcínia	inibidor de apetite e queimador de gordura	200 mg
	Cáscara-sagrada	laxativo e purgativo	100 mg
	Glucomanan	societógeno e inibidor de apetite	100 mg
	KCl	repositor de potássio	20 mg
	Picolinato de cromo	queimador de gordura	100 mcg
	Gymnema	termogênico e inibidor da vontade de comer doce	100 mg
	Bisacodil	laxativo	3 mg
	Excipiente qsp	veículo	1 cápsula
Modo de usar	Ingerir uma cápsula 2 horas antes do almoço e do jantar ou conforme orientação médica.		

Fórmula 4	Ativo	Ação	Concentração
EMA IV (ação leve)	Cassiolamina	inibidor da lipase	200 mg
	Faseolamina	inibidor da amilase	200 mg
	Citrus aurantium	termogênico	100mg
	KCl	repositor de potássio	20 mg
	Picolinato de cromo	queimador gordura	100 mcg
	Cáscara-sagrada	laxativo e purgativo	100 mg
	Excipiente qsp	veículo	1 cápsula
Modo de usar	Ingerir uma cápsula 2 horas antes do almoço e do jantar ou conforme orientação médica.		

Fórmula 5	Ativo	Ação	Concentração
EMA V	Alcachofra	diurético	50 mg
	Cavalinha	diurético e laxativo	100 mg
	Faseolamina	inibidor da amilase	100 mg
	Cassiolamina	inibidor da lipase	200 mg
	Garcínia	inibidor de apetite e queimador de gordura	100 mg
	Picolinato de cromo	queimador de gordura	100 mcg
	Aloína	laxativo	10 mg
	Excipiente qsp	veículo	1 cápsula
Modo de usar	Ingerir uma cápsula 2 horas antes do almoço e do jantar ou conforme orientação médica.		

Fórmula 6	Ativo	Ação	Concentração
EMA VI	Faseolamina	inibidor da amilase	150 mg
	Cassiolamina	inibidor da lipase	150 mg
	Piruvato de cálcio	queimador de gordura	150 mg
	Picolinato de cromo	queimador de gordura	100 mcg
	Ginkgo biloba	ARL (antirradicais livres) e estimulador da circulação sanguínea	20 mg
	Cloreto de potássio	diurético	50 mg
	Vitamina C	antienvelhecimento	100 mg
	Excipiente qsp	veículo	1 cápsula
Modo de usar	Ingerir uma cápsula 2 horas antes do almoço e do jantar ou conforme orientação médica.		

Fórmula combinada

Fórmula combinada I	Fórmula I		Ação	
	Ativo	Concentração	Classificação	
EMA combinada I	Cáscara-sagrada	200 mg	laxativo e purgativo	
	Aloína	20 mg	laxativo	
	Spirulina	100 mg	supressor do apetite	
	Clorella	150	sacietógeno	
	Glucomanan	250 mg	inibidor de apetite	
	Excipiente qsp	1 cápsula	veículo	

	Fórmula II		Ação
	Ativo	Concentração	Classificação
EMA combinada I	Citrus aurantium	200 mg	termogênico
	Chitosan	250 mg	absorvedor de gordura
	Passiflora	100 mg	calmante
	Sene	100 mg	laxativo
	Excipiente qsp	1 cápsula	veículo
Modo de usar	Ingerir uma cápsula da fórmula I e outra cápsula da fórmula II 2 horas antes do almoço e do jantar ou conforme orientação médica.		

Fórmulas termogênicas

Fórmula 1	Ativo	Ação	Concentração
Termogênese	Guaraná	estimulante e vasodilatador	100 mg
	Ornitina	aumenta o metabolismo da gordura	250 mg
	Ginseng	estimulante do Sistema Nervoso Central	100 mg
	Cafeína	estimulante do Sistema Nervoso Central	100 mg
	Excipiente qsp	veículo	1 cápsula
Modo de usar	Ingerir uma cápsula 2 horas antes do almoço e do jantar ou conforme orientação médica.		

Fórmula 2	Ativo	Ação	Concentração
Termogênese	Chá verde	sacietógeno	50 mg
	Centella asiatica	anticelulítico	100 mg
	Cafeína	estimulante do Sistema Nervoso Central	30 mg
	Chitosan	absorvedor de gordura	150 mg
	Excipiente qsp	veículo	1 cápsula
Modo de usar	Ingerir uma cápsula 2 horas antes do almoço e do jantar ou conforme orientação médica.		

Fórmula termogênica combinada

Fórmula combinada I	Fórmula I		Ação
	Ativo	Concentração	Classificação
Termogênese	Cafeína	100 mg	estimulante
	Vitamina B6	60 mg	auxilia o metabolismo e a perda de gordura
	Ácido pantotênico	40 mg	auxilia o metabolismo celular
	Guaraná	100 mg	diurético e vasodilatador
	Excipiente qsp	1 cápsula	veículo

	Fórmula II		Ação
	Ativo	Concentração	Classificação
Termogênese	Gengibre	50 mg	termogênico
	Carnitina	100 mg	regularizador do metabolismo
	Cafeína	20 mg	estimulante do SNC
	Aspartato de magnésio	150 mg	regularizador de metabolismo
	Aspartato de potássio	150 mg	equilíbrio hídrico
	DMAE	50mg	defatigante
	Excipiente qsp	1 cápsula	veículo
Modo de usar	Tomar uma cápsula da fórmula I e uma cápsula da fórmula II pela manhã. Tomar uma cápsula da fórmula I e uma da fórmula II 3 horas depois. Tomar uma cápsula da fórmula I e uma da fórmula II 30 minutos antes do jantar.		

Glossário de ativos

Ácido pantotênico Dose usual: 50 a 200 mg/dia	É a vitamina B5. Faz parte da molécula da coenzima A e age durante a conversão da colina em acetilcolina (importante para a memória), que necessita da acetilação da colina, que é dependente da acetil Co A. Essencial para o metabolismo celular, o ácido pantotênico é indispensável para a síntese de lipídios e hormônios esteroides. Nas situações de estresse, ocorre um grande consumo dessa vitamina (chamada de antiestresse).
Alcachofra Dose usual: 100 a 150 mg/dia após as refeições	A *Cynara scolymus L.* possui várias propriedades terapêuticas que incluem a de reduzir o colesterol por meio da estimulação metabólica das enzimas e melhorar a excreção de amônia por meio do aumento da produção de ácido úrico. Sua ação diurética e depurativa auxilia na eliminação da ureia e das substâncias tóxicas. É também um potente hipoglicemiante, por isso é indicada nos tratamentos contra o aumento da ureia e do colesterol e como coadjuvante nos regimes de emagrecimento e hipertensão.

Aloína Dose usual: 20 a 60 mg/dia	Isolado do aloés das barbadas (1 a 40%), é o principal ativo da aloe vera. A aloína é em pequenas doses um glicosídeo antraquinônio de ação estomáquica e laxativa; em doses mais elevadas, é um purgativo drástico de ação demorada.
Aspartato de magnésio Dose usual: 50 mg/dia	Sob a forma de aspartato, ocorre melhor absorção dos elementos. O magnésio é o quarto mineral mais importante ao organismo animal, desempenha funções primordiais na transmissão neuroquímica, na homeostase cardíaca, na excitabilidade dos músculos esqueléticos e na manutenção de níveis intracelulares normais do cálcio, sódio e potássio.
Aspartato de potássio Dose usual: 20 mg/dia	Diferentemente do sódio, que ocorre em maior parte no líquido extracelular, o potássio está em maior parte dentro das células, tornando possível a osmose e o equilíbrio da água. O potássio está ligado à função enzimática celular, bem como à síntese e à utilização das proteínas.
Bisacodil Dose usual: 5 a 30 mg/dia.	Medicamento com propriedades laxativas fortes, que pode causar cólicas e irritação do estômago.
Cafeína Dose usual: 100 a 250 mg/dias fracionados e administrados em intervalos superiores a 3 horas	Estimulante do sistema nervoso central. Em doses maiores, estimula os centros medular, vagal, vasomotor e respiratório, o que provoca bradicardia, vasoconstrição e aumento da frequência respiratória. Indicado para tratamento de estados depressivos e fadiga mental, asma bronquial, insuficiência cardíaca e cefaleias.
Carnitina Dose usual: 1 a 3 g/dia	Regularizador do metabolismo muscular, a carnitina (levocarnitina) é uma substância de origem natural que participa no transporte dos ácidos graxos de cadeia longa através da membrana interna mitocondrial. Sua presença é requerida no metabolismo energético dos mamíferos, especialmente para a utilização dos lipídicos (ácidos graxos) como fonte de energia do músculo esquelético e cardíaco (os ácidos graxos são a principal fonte).
Cáscara--sagrada Dose usual: 200 a 600 mg/dia (pó)	Extraída da *Rhamus purshiana D.C.*, possui ação laxante e purgativa suave sendo indicada para casos de constipação e prisão de ventre.

Cassiolamina Dose usual: 200 a 600 mg/dia antes das refeições	É extraída dos frutos da *Cassia nomame*, leguminosa que contém cinco compostos dímeros de flavonoides, entre eles o triidroxiflavano catequina, potente inibidor da lipase, responsável pela quebra das moléculas de gordura. Sem a lipase, as gorduras não são digeridas e, portanto, não são absorvidas pelo organismo. A inibição da lipase sugere o bloqueio da absorção de gorduras, ajudando na perda e manutenção do peso. A inibição da lipase ainda auxilia na redução da pressão sanguínea, níveis de colesterol sérico, ácido úrico e dos níveis sanguíneos de açúcares. Indicado como auxiliar nas dietas para perda de peso e para redução dos lipídios séricos.
Cavalinha Dose usual: 1.000 a 2.000 mg/dia (pó)	A *Equisematum arvarense* que contém, entre outros, ácido silícico, compostos inorgânicos, saponinas, ácido gálico e glicosídeos flavônicos. Possui ação diurética e laxativa, remineralizante, hemostática, adstringente geniturinário, tonificante e revitalizante. O silício presente ajuda a melhorar os transtornos circulatórios e estimula a síntese de colágeno e elastina, preservando a elasticidade e a tonicidade do tecido cutâneo, além de proporcionar hidratação. Também é indicada nas afecções dos pulmões e brônquios, aterosclerose, hipertensão e afecções articulares, hemorragias nasais, enfermidades renais e urinárias, inflamação e edema de próstata.
Centella asiatica Dose usual: 250 a 1.000 mg/dia (pó)	Constituída de saponinas, flavonoides, cânfora, asiaticosídeo etc., possui as propriedades de normalizar a produção de colágeno e permitir a liberação da gordura localizada graças à possibilidade de penetração das enzimas lipolíticas. Promove a normalização das trocas metabólicas entre a corrente sanguínea e os adipócitos, melhorando ainda a circulação venosa. Também controla a fixação de elementos fundamentais na formação de colágeno. Assim, possui ação eutrófica do tecido conjuntivo, antibiótica e anti-inflamatória, normalizadora da circulação venosa de retorno, tônica, anticelulítica e preventiva de rugas. Por seu alto teor proteico, tem papel importantíssimo na reposição de proteínas em organismos debilitados. Também indicada para casos de desordens dermatológicas como eczemas, úlceras varicosas, hematomas, rachaduras da pele e varizes.

Chitosan Dose usual: 100 mg	É um produto natural derivado da quitina, um polissacarídeo encontrado no exoesqueleto de animais marinhos como camarão e caranguejo. Quimicamente, é semelhante à celulose de uma fibra vegetal e, como ela, possui muitas das propriedades das fibras, como a significante ação de ligar-se às gorduras, agindo como uma "esponja de gordura" no trato digestivo. É um eficiente agente hipocolesterolêmico, pois baixa eficientemente os níveis séricos de colesterol sem efeitos adversos aparentes; apresenta a capacidade única de diminuir o colesterol LDL (forma prejudicial) enquanto mantém o colesterol HDL (a forma ativa). Diminui os níveis de colesterol no sangue em 66,2%. Sua extraordinária capacidade de ligar-se às gorduras no estômago antes que elas possam ser metabolizadas ou absorvidas pelo organismo. Funciona da seguinte maneira: dissolve-se no próprio estômago e é convertido num gel que "captura" a gordura, assim evita sua absorção e subsequente armazenamento. Tecnicamente, cria uma "bola de gordura" grande demais para ser metabolizada. Assim, tornam-se imetabolizáveis e são excretados nas fezes. Portanto, permite uma diminuição da carga de trabalho do fígado, aliviando o estresse dos outros órgãos pela presença do excesso de gordura. Pode absorver de 6 a 8 vezes o seu peso em lipídios quando adicionado ao ácido ascórbico, aumentando sua habilidade de absorver a gordura. Associado ao ácido cítrico, que promove o intumescimento do *chitosan*, proporciona um aumento da saciedade e a supressão do apetite, resultando na total redução da ingestão de alimentos. Tomar *chitosan* antes das refeições pode fazer com que a gordura da dieta seja melhor absorvida, promovendo maiores benefícios.
Citrus aurantium Dose usual: 200 a 1.200 mg/dia junto com as principais refeições.	Extraído da *Citrus aurantium L.*, conhecida como laranja-amarga, é rico em sinefrina, amina adrenérgica que com muitos efeitos no organismo humano. É uma alternativa natural aos supressores de apetite, os quais estimulam o SNC para aumentar o metabolismo. É indicado como auxiliar em dietas de emagrecimento, exercícios físicos e como energético. Contendo um mínimo de 6% de sinefrina, possui a propriedade de aumentar a lipólise e a termogênese, melhorando a performance física em exercícios aeróbicos e liberando energia da reserva de gordura para aumentar a massa muscular.

Clorella Dose usual: 300 mg/dia	É uma alga de elevado valor nutritivo por conter muitos aminoácidos e vitaminas, encontrada em tanques e lagos. A *Clorella* contém triptofano – aminoácido que dá sensação de saciedade, pois em contato com o suco gástrico se expande como uma esponja, trazendo a satisfação bem antes de o estômago estar cheio. Ainda contém proteínas, vitaminas, fibras e muitos sais minerais, age também como complemento nutritivo, auxiliando as pessoas que estão em dietas a suportar as restrições alimentares. Indicada como suplemento alimentar, desintoxicante, normalizante da função intestinal, estimulante do sistema imune, regulador dos níveis de colesterol e triglicerídeos elevados e promotor da reparação tecidual e da integridade celular. Importante auxiliar nos regimes de emagrecimento e no tratamento da obesidade. Recomendado durante a lactação e gestação.
DMAE Dose usual: 200 a 1.200 mg/dia	Age como nootrópico, neurotônico, neurotrófico, estimulante da memória e do SNC (Sistema Nervoso Central) e defatigante. Possui propriedades antioxidantes e anti-inflamatórias, que proporcionam uma pele mais jovem, suave e luminosa.
Faseolamina Dose usual: 250 a 1.000 mg/dia imediatamente antes das refeições	Extraído dos grãos do *Phaseolus vulgaris* (feijão-branco), é uma glicoproteína que funciona como inibidor de amilase e possui efeitos clinicamente comprovados para inibir a digestão e absorção de amido, diminuindo o peso que os carboidratos exercem no ganho de calorias da alimentação. Atua ligando-se à alfa-amilase e inibindo a digestão do amido, que dessa forma não é absorvido, deixando de adicionar calorias à dieta. Cada grama de faseolamina neutraliza 2.250 calorias de amido. Indicado em dietas de emagrecimento para reduzir a absorção de calorias provenientes do amido. Também é benéfico para pacientes com diabetes melito não dependentes de insulina.

Fucus vesiculosus Dose usual: 500 mg – 2.000 mg/dia	Substância gelatinosa extraída de algas pardas, rica em alginatos e iodo. Usada como mucilagem associada aos regimes para tratamento de obesidade e como fonte natural de iodo. Possui ação diurética, depurativa do sangue. Por sua riqueza em elementos que absorve do meio natural e são transferidos para o organismo, é usado como complemento nas dietas. Graças a seu teor de iodo, estimula a tireoide regularizando a produção do hormônio tireotrofina e acelerando o metabolismo da glicose e ácidos graxos, podendo, então, ser usado como auxiliar no tratamento da obesidade. Também pela ativação do metabolismo e pela presença de mucilagens, promove um aumento do trânsito intestinal, possuindo ainda ligeira ação diurética e laxativa. Dessa forma, é indicado no tratamento de obesidade e hipotireoidismo.
Garcínia Dose usual: 500 a 3.000 mg/dia, 1 hora antes das principais refeições	Fitoterápico antiobesidade constituído de extrato seco dos frutos da *Garcinia cambogia* e *Garcinia indica* que possuem como principal ativo o ácido hidroxicítrico, que entra na corrente sanguínea e faz o corpo entender que já existe energia. Age como inibidor da síntese de ácidos graxos por diminuir o fornecimento da acetil-CoA no metabolismo celular e aumenta a queima de gorduras pela redução dos níveis de malonil-CoA, evitando o acúmulo de gorduras no tecido adiposo. Associado com a carnitina, promove maior oxidação dos ácidos graxos. Possui ainda ação redutora do apetite resultante do desvio de carboidratos da dieta e seus metabólitos da síntese lipídica. Os princípios ativos da garcínia aceleram a queima de calorias (termogênese) e previne o acúmulo de gordura no sangue (na forma de triglicérides). Associado ao picolinato de cromo, atua na regulação dos níveis de insulina no sangue. Dessa forma, tomando-se as cápsulas de garcínia nas doses corretas, pode-se emagrecer de duas maneiras: pela diminuição do apetite (com consequente redução das calorias ingeridas) e pela diminuição da produção de gorduras pelo corpo.

Gengibre Dose usual: 100 g/dia	O *Zingiber officinale* é a raiz (rizoma) de uma planta herbácea originária da Índia. O gengibre e seus constituintes exibem uma ampla faixa de atividades farmacológicas: tônico cardíaco, protetor do fígado, antitrombótico, antibacteriano, antioxidante, analgésico e anti-inflamatório, bem como calmante da tosse, e diurético. É um alimento termogênico, isso significa que é antioxidante, ou seja, combate radicais livres, aumenta a velocidade das reações químicas (metabolismo basal) e a temperatura corporal. É capaz de acelerar o metabolismo em até 20%, aumentando a queima de calorias.
Ginkgo biloba 24% Dose usual: 40 a 120 mg/dia 1 hora antes das principais refeições	Extrato seco obtido das folhas de *Ginkgo biloba*, que contém diversos princípios ativos, como terpenos, proantocianidinas e glicosídeos flavonoídicos, que atuam nos sistemas circulatório e neurológico e no metabolismo celular. Age aumentando a irrigação tissular, ativando o metabolismo energético (melhora a captação e utilização da glicose e a normalização do consumo de oxigênio), diminuindo o risco trombótico microcirculatório e age como potente antirradical livre. Sua principal substância ativa é o ginkgosídeo, que age como estimulante da circulação sanguínea, diminuindo a hiperagregação plaquetária. É uma substância que atua na circulação cerebral, sendo muito utilizada na velhice, com a finalidade de melhorar problemas de memória, dificuldades de concentração e confusão mental. Basicamente, age como um tônico, sendo útil na terceira idade, podendo inclusive melhorar o desempenho sexual. Seus efeitos colaterais caracterizam-se por problemas de gastrite. Recentemente foi observado que pode acentuar a ação anticoagulante de dicumarínicos e da aspirina, medicamentos muito utilizados para tratamento de doenças cardiovasculares.
Ginseng Dose usual: 200 mg/dia	*Panax ginseng* é indicado como estimulante do SNC por sua ação moduladora. Aumenta a velocidade de raciocínio e reduz a fadiga por excesso de trabalho. Possui a propriedade de potencializar a insulina e, por isso, atua nos estados de hiperglicemia. Melhora o sistema imunológico.

Glucomanan Dose usual: 300 a 3.000 mg/dia 1 hora antes das refeições junto com líquidos	Fibra vegetal quimicamente relacionada à celulose, obtida da raiz do *konjac*, *Amorphophalus konjac* (Araceae), rica em glicose e manose, que em contato com a água forma gel. Usado como adjuvante da obesidade por sua propriedade formadora de massa, que proporciona sensação de plenitude gástrica (atua preenchendo o estômago, fazendo com que o indivíduo sinta menos fome) e forma também um revestimento em torno das partículas alimentares, retardando o processo de digestão. Promove a redução dos níveis de colesterol e triglicérides, atua como fibra na dieta alimentar, aumentando a viscosidade dos alimentos em contato com o líquido gástrico. O alimento se mistura com o glucomanan viscoso e forma uma massa macia, que passa facilmente pelo aparelho gastrointestinal. A digestão com o glucomanan é gradual, ajudando a manter os níveis de açúcar normal. Assim, é indicado nas dietas de emagrecimento como inibidor natural do apetite e como suplemento em fibras.
Guaraná Dose usual: 2 a 10 g/dia	A *Paullinia cupana* promove vasodilatação por ação direta sobre a parede vascular. Sobre os músculos estriados, o princípio que atua é a cafeína. O guaraná estimula a maior produção de ácido lático, aumentando o consumo de oxigênio e provocando contrações musculares mais fortes. Esses efeitos são associados à liberação espontânea e prolongada de calor. Isso pode durar até mesmo depois de o músculo ter relaxado. A presença de taninos oferece ao guaraná ação sobre a secreção intestinal, normalizando o intestino. Na sua totalidade, o guaraná tem propriedades tônicas eficazes, recuperando o organismo. É também diurético e vasodilatador.

Gymnema Dose usual: 75 a 400 mg/dia 30 minutos antes das refeições	Extrato seco de um cipó nativo da Índia denominado gurmar ("aquele que destrói o açúcar"). É composto de folhas de *Gymnema sylvestris* (Asclepidaceae), que contém ácido gimnêmico (reduz a gordura corporal e acelera o metabolismo), responsável pela ação hipoglicemiante e antidiabética. É um fitoterápico que diminui a vontade de comer doce porque tem propriedades hipoglicemiantes que retardam a absorção do açúcar no sangue. É capaz de reduzir a concentração de glicose (glicemia), mediada por estímulo direto à liberação de insulina ou estímulo de um ou mais hormônios entéricos que promovem a liberação da insulina. Em razão da sua atividade insulinotrópica, favorece o processo de glicólise sobre a gliconeogênese (formação de glicose e glicogênio a partir de substratos que não são carboidratos). Melhorando a sensibilidade do organismo à insulina, pode reduzir a gordura corporal e aumentar a termogênese, mecanismo auxiliar no controle do peso. É indicada como adjuvante no controle da obesidade e manifestações decorrentes, na redução do metabolismo de açúcares e gorduras do organismo, nos tratamentos de obesidade, diabetes e hipoglicemia, pois não provoca a queda dos níveis de açúcar no sangue para abaixo do normal, também auxilia no tratamento do colesterol alto, da anemia e da osteoporose.
KCl Dose usual: 100 a 400 mg/dia	Denominação do cloreto de potássio, utilizado em fórmulas para emagrecimento com o objetivo de compensar a perda de potássio induzida pelos diuréticos comumente utilizados.
Ma Huang Dose usual: 800 mg a 1,6 g/dia	Conhecido também como efedra (*Ephedra fragelis*), apresenta ação antiasmática e estimulante. Sua ação é simpatomimética com marcada característica estimulante dos centros nervosos respiratórios em nível bulbar.
Magnésio Dose usual: 200 a 350 mg/dia	Mineral usado na prevenção e tratamento de doenças cardíacas, combate a fadiga neuromuscular, o estresse e a tensão nervosa. Combinado com cálcio, o magnésio funciona como tranquilizante natural, podendo ser administrado contra tensão pré-menstrual.

Ornitina Dose usual: 100 a 300 mg/dia	É um ácido diamino monocarboxílico com propriedades similares às da lisina. Tem função importante na formação da ureia e é usado terapeuticamente como suplemento nutricional especializado. Auxilia no aumento do metabolismo de gordura e transporte de aminoácidos dentro da célula. Pode ser usado contra artrite reumatoide. Juntamente com a carnitina e a arginina é usada para mobilizar as gorduras do organismo.
Passiflora Dose usual: 50 a 200 mg/dia	A *Passiflora alata* age como depressor inespecífico do SNC, resultando em ação sedativa, tranquilizante e antiespasmódica da musculatura lisa. A passiflorina, similar à morfina, é um medicamento de grande valor terapêutico como sedativo que, apesar do narcótico, não deprime o SNC. Seu uso diminui por instantes a pressão arterial e ativa a respiração, deprimindo a porção matriz da célula. Possui efeitos analgésicos o que justifica seu emprego nas nevralgias.
Picolinato de cromo Dose usual: 200 mcg/dia	Forma orgânica e completamente biodisponível que apresenta um teor de cromo muito mais elevado que os minerais quelados. Na forma de picolinato, o cromo é muito bem tolerado pelo organismo, uma vez que ele já está preparado para lidar de maneira natural com esse tipo de mineral, pois o organismo humano é capaz de sintetizar esse sal. O cromo é oligoelemento chamado de "o milagre médico dos anos 1990". O uso de suplementos diários desse mineral previne o diabetes, pois auxilia o organismo a utilizar a insulina, mantendo os níveis normais de glicose no sangue; ajuda no processamento de proteínas, contribuindo para o aumento de massa muscular; e na perda de peso, como queimador de gorduras. A suplementação de cromo pode impedir a ocorrência do diabetes tipo 2 em pessoas com resistência à insulina. O cromo interfere no metabolismo das gorduras, de modo a diminuir os níveis de colesterol LDL (mau) e aumenta os níveis de colesterol HDL (bom), reduzindo assim o risco de doenças cardíacas.

Piruvato de cálcio Dose usual: 2 a 5 mg/dia durante os 10 primeiros dias e então de 2 a 5 g como dose de manutenção, dependendo da perda de peso	É o ácido pirúvico na forma estabilizada. Esse ácido está presente no organismo e é a base do ciclo de Krebs, pelo qual o corpo converte o glicogênio e a glicose em energia, efetuando a queima do açúcar e do amido. O piruvato age melhorando o transporte da glicose pelas células musculares antes e durante os exercícios físicos, colaborando assim com a tonificação dos músculos. Desse modo, quanto mais energia é usada, menos é armazenado em forma de gordura pelo organismo. A ingestão de piruvato pode aumentar a utilização de gordura, diminuindo o ganho de peso e a reacumulação de gordura corpórea, sem diminuir o ganho proteico corpóreo em indivíduos obesos submetidos a dietas. O piruvato aumenta o gasto de calorias mesmo com o organismo em repouso. Tem a propriedade de evitar o retorno do peso perdido sem interferir na absorção de proteínas e evita a perda de proteínas sob a forma de massa muscular durante o emagrecimento. Indicado para auxiliar nas dietas de emagrecimento por proporcionar a queima de gorduras. Seu melhor efeito na diminuição do acúmulo de gordura corpórea e na redução do efeito "rebote" se dá quando associado a exercícios físicos.
Sene Dose usual: 140 a 400 mg/dia	O sene (*Cassia angustifolia Vahl.*) em baixas doses apresenta uma atividade laxante muito explorada para limpeza prévia à exploração radiológica. Em doses maiores, funciona como purgante. São os glicosídeos antracênicos e as antraquinonas os maiores responsáveis pela ação catártica do sene. Eles são absorvidos no trato gastrointestinal, liberando as agliconas, que são logo excretadas através da metabolização pelo cólon, onde proporcionam uma estimulação do peristaltismo.

Spirulina Dose usual: 500 a 5.000 mg/dia	É uma alga formada por células grandes que cresce em águas alcalinas. É rica em minerais, proteínas, carboidratos, lipídios, clorofila e vitaminas. Suplemento nutricional rico em proteínas (60 a 70%), carboidratos (14 a 20%), lipídios (6 a 7%), minerais (Ca, Mg, Fe, P, K e I), betacaroteno, vitamina E e vitaminas do complexo B, obtidas de algas cianófitas (*Spirulina maxima* e *Spirulina platensis*). Possui efeito supressor do apetite pela concentração elevada de fenilalanina em suas proteínas, o que inibe fisiologicamente os centros hipotalâmicos da fome. Também promove um revestimento sobre a mucosa gástrica quando ingerida com o estômago vazio, o que proporciona sensação de saciedade, e é indicada como auxiliar no tratamento da obesidade, proporcionando suave emagrecimento sem perdas nutricionais. É usada como complemento dietético, proteico e vitamínico em dietas de emagrecimento. Possui ainda substâncias que impedem a formação dos ácidos lático e pirúvico, comum durante exercícios físicos, o que auxilia na dieta do atleta, também evitando câimbras e fadiga muscular. É indicada como suplemento nutricional em dietas para obesidade, alcoolismo, fadiga, carência de vitaminas e minerais.
Vitamina B6 Dose usual: 10 a 600 mg/dia	Vitamina hidrossolúvel envolvida no metabolismo de aminoácidos, gorduras e carboidratos e na formação da hemoglobina. Contribui para evitar diversas perturbações dos nervos e da pele. Reduz espasmos musculares noturnos, câimbras nas pernas e dormência nas mãos.
Vitamina C Dose usual: 500 a 3.000 mg/dia	Consiste num dos mais efetivos antioxidantes. Possui ação antirrugas, pois reduz a degradação do colágeno e da elastina. É importante na formação do colágeno, agindo na prevenção do envelhecimento celular. Inibe os danos causados pela radiação UV na pele, aumentando a elasticidade e a tonicidade da pele. Tem ainda ação cicatrizante.

CAPÍTULO 12
Suplementos nutricionais

Coenzima Q10 – O combate das gorduras e o aumento da energia

Essa vitamina foi descoberta em 1957 e batizada pelos bioquímicos com o nome de ubiquinoma, mas, para facilitar, logo se transformou na coenzima Q10. Simplificando ainda mais, virou CoQ10. As vitaminas funcionam como coenzimas, ajudando o organismo a realizar as reações químicas. A CoQ10 seria o que os cientistas chamam de vitamina bioenergética, ou seja, ela transforma as energias internas.

Ela também funciona como um antioxidante e, segundo o livro *Receitas para a cura através de nutrientes*, de James F. Balch e Phyllis A. Balch, é benéfica para retardar o envelhecimento e tratar obesidade, candidíase, esclerose múltipla, doença periodontal e diabetes.

Onde encontrar a coenzima

O próprio organismo produz CoQ10 desde que haja presença em quantidades suficientes das vitaminas B2, B3, B6 e

C, e dos ácidos fólico e pantotênico. Assim, a deficiência de qualquer um desses nutrientes, o que não é algo raro, pode inibir a produção natural dessa coenzima.

Obesidade

Segundo pesquisadores, a CoQ10 empresta seu peso para reduzir o nosso, facilitando o uso da gordura armazenada como combustível.

Cerca de metade das pessoas com problemas de peso não tem quantidade suficiente desse nutriente, o que pode explicar porque os obesos têm tendência a desenvolver doenças cardíacas e diabetes.

O valor da CoQ10 fica evidente num estudo com pessoas obesas que foram submetidas a uma dieta pobre em calorias. Todos os que apresentavam deficiência do nutriente tomaram suplementos diários de 100 mg e os outros não receberam apoio nutritivo. Após dois meses, os que tomaram o suplemento tinham perdido 15 quilos, o dobro dos 7,5 quilos perdidos pelos outros.

A CoQ10 pode ser acrescentada em qualquer uma das fórmulas com o uso isolado e alternado. Tomar sempre com alimentos oleosos, que potencializam os resultados.

Para pessoas com mais de 30 anos, aconselha-se o uso de 10 mg duas vezes ao dia antes das refeições. Para aqueles que têm mais de 40 anos, 30 mg duas vezes ao dia; e para os maiores de 50 anos, 30 mg três vezes ao dia.

Pholiamagra

É chamada antibarriga por possuir ação diurética; redutora dos depósitos de celulite, por ser estimulante da circulação; cardiotônica e energética; e redutora da replicação do vírus herpes.

Tem efeito emagrecedor e inibidor do apetite, contribui para uma maior queima de gorduras localizadas, principalmente do abdômen, além de atuar como estimulante do sistema imunológico.

Pode ser usada para evitar os depósitos de gordura na parede das artérias coronarianas, diminuindo os riscos de problemas cardíacos relacionados com o sobrepeso. Como é diurética, pode auxiliar na eliminação do excesso de líquido e reduzir a concentração de gorduras. A presença da alantoína e do ácido alantoico pode agir na redução da celulite e da gordura localizada.

Fórmula nº 0	Ativo	Ação	Concentração
	Chá verde	diurético e sacietógeno	200 mg
	Gymnema silvestre	redutora da vontade de comer doce	100 mg
	Cáscara-sagrada	laxante	100 mg

Pholiamagra	Queimador de gordura do abdômen	200 mg
Glucomanan qsp	veículo	1 cápsula
Modo de usar	Ingerir uma cápsula 2 horas antes do almoço e do jantar ou conforme orientação médica.	

Sinergia vitaminas e oligoelementos

Emagrecimento

Perda de 1 kg a 10 kg

- Zinco-níquel-cobalto
- Vanádio 10 gotas em gel de silício Bio-Vibra
- Aplicar na parte de dentro dos braços e pernas com o vibrador
- As gotas podem ser usadas com mel para adoçar o chá.

Vitaminas:

Ativo	Concentração	Modo de usar
CoQ10	10 mg	Usar três vezes ao dia nas principais refeições.

Ativo	Concentração	Modo de usar
Ômega 3	1.000 mg	Dividido em duas doses durante as refeições.

Ativo	Concentração	Modo de usar
Ginseng	1 g a 2 g	Manipular juntas. Um comprimido antes do almoço e do jantar.
Colina	500 mg	

Ativo	Concentração	Modo de usar
Inositol	1.000 mg	Um comprimido antes do jantar.

Perda de mais de 10 kg

Vanádio

- Aplicar 15 gotas no mel ou em gel de silício à noite.
- Zinco-níquel-cobalto/zinco-cobre-magnésio
- 15 gotas de cada em gel de silício

Aplicar todos os dias na parte interna dos braços e pernas com o vibrador.

Ativo	Concentração	Modo de usar
CoQ10	60 mg	Tomar uma vez ao dia.

Ativo	Concentração	Modo de usar
Ômega 3	1.000 mg + vitamina E 400 UI	

Vitaminas:

Ativo	Concentração	Modo de usar
Biotina	10 mg	Manipular as vitaminas juntas e tomar antes das principais refeições alternadamente com o Ômega.
Niacina	50 mg	
Piridoxina	50 mg	
Ácido fólico	200 mcg	

Atenção! Para perda de peso e medidas com saúde, primeiramente consulte um médico e descarte a existência de problemas de saúde, como disfunções hormonais que a realização de uma dieta pode complicar. Descartada as doenças, adote esses procedimentos e encontre a dieta ideal para você.

1 – Responda ao teste de diátese anexado ao capítulo 4.

2 – Descubra seu tipo de sangue.

3 – Escolha a dieta que melhor serve para você.

4 – Retire de sua alimentação os oito alimentos que interferem no metabolismo (leite, batata-inglesa, cebola, carne vermelha, tomate, laranja, glúten e sódio).

5 – Selecione os alimentos benéficos e separe os nocivos de acordo com seu tipo sanguíneo.

6 – Anexe os suplementos encontrados no teste, aos suplementos do tipo de sangue.

7 – Veja os suplementos que deverão ser adicionados caso a queima de calorias esteja muito lenta, de acordo com o exposto nas matérias-primas ou fórmulas prontas.

8 – Defina qual o tipo de exercício mais adequado para você.

9 – Monte seu cardápio de acordo com a dieta escolhida de acordo com as calorias e alimentos de sua preferência.

10 – Organize os horários de uso dos suplementos que vão dar suporte à sua dieta.

11 – Programe quantos dias da semana você pode fazer a aplicação da terapia de perda rápida de medidas.

Não pule nenhuma das etapas, lembre-se de que é preciso comer para movimentar o metabolismo e poder queimar calorias.

CAPÍTULO 13
Receitas caseiras de beleza

Creme nutritivo básico

Bata uma clara de ovo e junte duas colheres (sopa) de mel com quatro gotas de selênio e silício Bio-Vibra e uma colher (chá) de óleo de amêndoa doce. Aplique sobre o rosto limpo e seco e deixe agir por aproximadamente 30 minutos. Enxágue com bastante água em temperatura ambiente e aplique um gel de silício.

Esfoliante para as áreas ásperas

Bata no liquidificador duas colheres (sopa) de óleo de amêndoa. Junte uma colher (chá) de mel, duas colheres (chá) de iogurte misturadas a quatro gotas de enxofre-manganês Bio-Vibra. Misture bem e use em regiões ásperas como joelhos e cotovelos.

Esfoliante iluminador

Misture uma colher (sopa) de aveia com duas colheres (sopa) de água de rosas, uma colher de chá de açúcar, uma colher de chá de mel e quatro gotas de silício. Misture bem e use para remover as células mortas e deixar a pele limpa e radiante. Depois, aplique um hidratante.

Máscara revitalizadora

Faça uma pasta com a polpa de ½ abacate, uma colher (sopa) de iogurte, uma colher (sopa) de mel e quatro gotas de cobre-ouro-prata Bio-Vibra e duas colheres de chá de menta picada. Aplique na pele limpa e seca, deixando agir por 30 minutos. Aproveite e cubra os olhos com compressas de chá de camomila. Enxágue em água fria e hidrate.

Creme nutritivo para as mãos

Faça uma pasta com uma batata cozida, duas colheres (sopa) de leite, duas colheres (sopa) de mel misturadas a quatro gotas de selênio e uma colher de chá de óleo de gérmen de trigo. Passe nas mãos, deixe secar durante 20 minutos e retire com água fria.

Loção de geleia real

Abra uma cápsula de geleia real e misture-a com uma colher (sopa) de óleo de gérmen de trigo ou de vitamina E e quatro gotas de vanádio. Aplique a loção no rosto, pescoço e busto, sempre que sentir a pele ressecada.

Creme nutritivo de mel e glicerina

Misture muito bem uma colher (chá) de mel, quatro gotas de cobre-ouro-prata, uma colher (chá) de glicerina e uma gema e aplique o creme no rosto já limpo. Deixe por no mínimo 40 minutos. Depois de retirar, aplique um hidratante.

Máscara para pele com acne

Junte meia xícara (chá) de adstringente a uma porção de argila verde (encontrada em lojas de produtos naturais) suficiente para obter um creme e acrescente dez gotas de própolis e dez gotas de enxofre Bio-Vibra. Passe no rosto e deixe de 15 a 20 minutos. Molhe os dedos com a solução adstringente e faça uma leve esfoliação por dois minutos. Enxágue com água fria.

Máscara de amêndoas

Misture rapidamente um copo de iogurte integral natural, uma colher (sopa) de óleo de amêndoa, uma colher (sopa) de mel misturada a quatro gotas de selênio e zinco-cobre Bio-Vibra.

Aplique no rosto limpo, formando numa camada espessa e homogênea. Cubra com algumas folhas de sálvia fresca e relaxe por 20 minutos. Retire a máscara com água fria, enxaguando bem, enxugue a pele e hidrate-a.

Sabonete líquido de eucalipto

Bata no liquidificador uma xícara (chá) bem cheia de folhas de eucalipto e quatro gotas de silício Bio-Vibra com um pouco de água mineral até formar uma papa. Coe num pano de algodão e reserve o líquido.

Refaça a receita até completar 50 ml, misture com 50 ml de sabonete líquido neutro e guarde em vidro escuro na geladeira por até 15 dias. Lave o rosto duas vezes por dia com essa solução.

Alimentos para a longevidade

Açaí

Os antioxidantes da fruta aceleram a ativação das micróglias (células que protegem o sistema nervoso), que protegem o cérebro contra degenerações. Só não se sabe ainda a quantidade necessária para obter tamanha benesse.

Baunilha

O extrato natural de baunilha atua simultaneamente sobre diversos fatores que contribuem para o envelhecimento cutâneo, trazendo densidade, textura, hidratação, uniformidade e luminosidade à pele. A afinidade do extrato com a pele é extraordinária. Por esse motivo, tem sido amplamente empregado em cremes antirrugas e hidratantes faciais e corporais com grande eficácia. Nos cabelos, protege a cor natural dos fios e prolonga o efeito das tinturas.

Caroteno

Previna-se contra o envelhecimento precoce.

Encontrada na abóbora, na cenoura e em boa parte dos vegetais de cor laranja, amarelo-escuro e verde, essa substância consegue reduzir o risco de doenças cardiovasculares e câncer.

Clara de ovo

Riquíssima em albumina, uma das proteínas mais completas para o nosso organismo, a porção transparente do ovo é matéria de primeira para reparar os músculos e prolongar a saciedade. Isso ocorre porque ela abriga todos os aminoácidos essenciais para cumprir uma série de reações importantes para o funcionamento do corpo humano.

Você encontra na clara de ovo ou em uma colher de sobremesa de albumina em pó: 10,8 g de proteínas, 10 mg de cálcio, 28 mg de fósforo, 181 mg de potássio e 181 mg de sódio.

Espinafre

Aumenta a oxigenação em até 5% na atividade física. Contém ferro, cálcio, fósforo e vitamina A – indispensáveis para a saúde ocular.

Mirtilo

Blueberry, ou mirtilo, é ótimo para o coração e reduz o risco de aterosclerose (inflamação nas artérias).

Meio copo de mirtilo por dia é o suficiente para evitar o problema, como provou um estudo da Universidade do Arkansas, nos Estados Unidos.

Os benefícios devem-se a substâncias com propriedades anti-inflamatórias presentes no fruto.

Aliados da pele bonita

O uso diário de filtro solar associado a nutrientes como vitamina C e antioxidantes tópicos e a uma alimentação saudável, rica em vitaminas e sais minerais (como zinco, selênio e ferro) fornece substratos para uma pele viçosa e firme.

Sugestões de fórmulas

Fitoterápico antienvelhecimento

	Ativo	Concentração
	Resveratrol lipofílico	50 mg
	Grape Seed (95% proantocianídinas)	100 mg
	Quercetina lipofílica	50 mg
	Pomegranate (40% ácido elágico)	100 mg
	Luteolina	10 mg
	Ecklonia Cava	200 mg
Modo de usar	Sugestão posológica: tomar uma cápsula após refeições	

Fórmula indutora do sono

	Ativo	Concentração
	Valeriana (0,5% ácido valerênico)	200 mg
	L-teanina	200 mg
	Melissa (extrato seco)	200 mg
	Passiflora (0,5% vitexina)	200 mg
Modo de usar	Sugestão posológica: tomar uma a duas cápsulas antes de deitar	

Sinergia

Oligoelementos/vitaminas

Uso dos oligoelementos – quatro gotas de cada em gel neutro – nos braços com movimentos vibratórios.

Indicação	Oligoelemento	Vitamina	Uso recomendado
estados depressivos c/ diminuição de memória e atenção	cobre-ouro-prata, manganês-cobalto, magnésio, zinco-cobre, fósforo, aluminio	C = 500 mg B1 = 250 mg B6 = 250 mg B12 = 250 mcg E = 200 mg A = 1.5 mg	Todos os dias Todos os dias Todos os dias Todos os dias 2 vezes por semana 2 vezes por semana
dores (joelhos, ombros, Calcanhar, nevralgias)	magnésio, cálcio	B1 = 10 mg B3 = 50 mg B6 = 50 mg E = 400 a 500mg	Todos os dias Todos os dias Todos os dias Todos os dias
emagrecimento excesso de peso	selênio, silício, zinco-níquel-cobalto	B6 = 300 mg B7 = 500 mg B12 = 500 mcg C = 500 mg	Todos os dias Todos os dias 1 vez p/dia 1 vez p/dia ou tópica
cabelos recuperação da cor queda	Cobre Gotas direto no couro cabeludo -3 x semana	B5 = 10% B8 = 10% B9 = 10% B10 = 10%	diariamente diariamente diariamente diariamente
para o sol "pele" Proteção	cobre, silício	B10 = 30 mg Gel de silicio = 70%	15 a 20 dias/mês diariamente durante 2 meses
insônias	manganês-cobalto, magnésio, fósforo, aluminio	B1 = 250 mg B6 = 250 mg E = 50 mg	Todos os dias Todos os dias Todos os dias

Indicação	Oligoelemento	Vitamina	Uso recomendado
distúrbios da menopausa	cobre-ouro-prata, manganês-cobalto, magnésio, fósforo, lítio, maganês-cobalto	B1 = 250 mg B6 = 250 mg E = 100 mg	Todos os dias Todos os dias Todos os dias
males da pele acne	manganês-cobre, cobre-ouro-prata, zinco-cobre, magnésio	A = 1.5 a 3.0 mg E = 200 mg C = 500 mg	Todos os dias, durante 1 mês Todos os dias, 20 dias durante 1 mês Todos os dias, 20 dias durante 1 mês
eczema	manganês, cobre-ouro-prata, zinco-cobre, magnésio	B1 = 250 mg B2 = 20 mg B6 = 250 mg	Todos os dias Todos os dias Todos os dias
herpes	cobre-ouro-prata, manganês-cobre, manganês-cobalto, magnésio, zinco-cobre	C = 500 mg B1 = 250 mg B2 = 10 mg B6 = 250 mg	Todos os dias Todos os.dias Todos os dias Todos os dias
micoses	cobre-ouro-prata, manganês-cobre, magnésio, cobre	C = 500 mg B1 = 250 mg B2 = 10 mg B6 = 250 mg	Todos os dias Todos os dias Todos os dias Todos os dias
psoríase	cobre-ouro-prata, manganês-cobalto, zinco-cobre, magnésio	B1 = 250 mg B2 = 20 mg B6 = 250 mg E = 100 mg C = 500 mg	Todos os dias Todos os dias Todos os dias Todos os dias Todos os dias
urticária	manganês, manganês-cobalto, enxofre, magnésio	C = 500 mg B6 = 250 mg	Todos os dias Todos os dias
queda de cabelo	cobre-ouro-prata, manganês-cobre, zinco-cobre, magnésio	B1 = 250 mg B6 = 10 mg B12 = 250 mcg E = 200 mg	Todos os dias Todos os dias Todos os dias Todos os dias

Indicação	Oligoelemento	Vitamina	Uso recomendado
verrugas	manganês-cobre, magnésio, zinco-cobre	C = 500 mg	Todos os dias
tendinites e bursites	cobre-ouro-prata, manganês-cobre, manganês-cobalto, fósforo, magnésio, cobre	A = 1.5 a 3.0 mg D = 400 UI	Todos os dias, durante 1 mês Todos os dias, 8 dias durante um mês
prisão de ventre	manganês-cobre, magnésio, fósforo, zinco-níquel-cobalto, iodo	B1 = 250 mg B6 = 250 mg B12 = 250 mcg E = 100 mg OMEGA3	Todos os dias Todos os dias Todos os dias Todos os dias 2 vezes p/dia
estados depressivos trat. contínuo p/4 meses	cobre-ouro-prata, manganês-cobalto, magnésio, lítio, fósforo, zinco-cobre, vanádio	B1 = 250 mg B6 = 250 mg C = 500 mg	Todos os dias Todos os dias Todos os dias

Observações

As doses indicadas para todas as vitaminas assinaladas nesta publicação são de ordem nutricional e intencionalmente fraca.

Elas são destinadas a agir como complementos alimentares, sobretudo no caso de dificuldades em seguir uma dieta rica e equilibrada. No caso de distúrbios ou doenças devidamente diagnosticadas, cabe ao médico tratar e prescrever as doses de vitaminas e oligoelementos de que o paciente necessita.

Posfácio

Os tratamentos ortomoleculares têm por objetivo primordial o restabelecimento do equilíbrio metabólico orgânico. Além dos suplementos e procedimentos reguladores do organismo, é necessário incorporar hábitos saudáveis, que vão desde uma conscientização alimentar, quantitativa e qualitativa, até a regularização do sono, o fim da automedicação e a prática de exercícios.

A grande maioria espera que os cosméticos e suplementos alimentares curem em pouco tempo o que a medicina convencional vem tratando há muitos anos. Diversas pessoas entram em contato comigo perguntando se já obtive sucesso com pessoas doentes ou com o emagrecimento mórbido? Minha resposta é sempre a mesma: eu não trato doenças, mas, sim, indivíduos doentes e a causa de seus problemas.

Tenho muito sucesso nos tratamentos sem suspender nenhuma medicação e trabalhando na ordem inversa à do médico. Na medicina convencional, se os sintomas são evidentes, é por eles que se inicia o tratamento. Na oligoterapia, primeiro avaliamos o estado do indivíduo como um todo por meio das diáteses. Se o organismo está desequilibrado, é óbvio que os tratamentos médicos e procedimentos cirúrgicos não resultarão numa melhora imediata.

Nos tratamentos de beleza, é o mesmo procedimento. Se ao procurar um dermatologista ou um cirurgião plástico, a pessoa estiver desequilibrada, com uma alimentação totalmente errada, dormindo mal, deprimida ou pessimista, o resultado com certeza será diferente daquele obtido em alguém que está de bem com a vida.

Dentro do método de equilíbrio Ménétrier, classificamos as pessoas por seu grau de pH (ácido-base). O humor de cada indivíduo já revela seu grau de acidez, assim podemos identificar de imediato o ponto por onde começar a restabelecer o equilíbrio, usando para tanto a alimentação, os suplementos, as vitaminas e os oligoelementos (minerais bioidênticos). Seria de grande valia se todos os médicos, independente da especialidade, verificassem o grau de ácido-base e a força vital de seus pacientes. Com certeza, o resultado seria diferente.

Muitos médicos já fizeram meu curso e adotaram a terapia ortomolecular, associando-a à medicina convencional, para tratar seus pacientes. Um aluno médico (urologista) me escreveu dizendo que estava muito feliz com o curso e que agora ele se classificava como outro médico.

É crescente o número de nutricionistas que estão incorporando esses princípios à sua prática diária, fazendo surgir, assim, a nutrição ortomolecular ou nutrição funcional. O termo "antienvelhecimento" foi substituído por "envelhecimento saudável", pois o princípio não é combater, mas prevenir e modificar o paradigma de que envelhecimento é sinônimo de adoecimento. Adotando uma atitude preventiva, em que as carências nutricionais são supridas, junto com uma boa alimentação e a manutenção de hábitos saudáveis de vida, como a atividade física e o manejo do estresse, pode-se envelhecer de maneira muito saudável.

Bibliografia

ATKINS, Robert C. *A nova dieta revolucionaria do Dr. Atkins*. Rio de Janeiro: Record Editora, 2000.

ATKINS, Robert C. *A revolucionária dieta antienvelhecimento*. Rio de Janeiro: Editora Campus, 2000.

CLAUDIA, revista. "Sol do bem". Novembro 2009.

D'ADAMO, Peter J. *A dieta do tipo genético*. Rio de Janeiro: Elsevier Editora,2008.

DUPOUY. A. *Oligoterapia: fundamentos da clínica e da terapêutica*. Lisboa: Biopress, 2000.

HENDLER, Sheldon Saul. *Enciclopédia de vitaminas e minerais*. Rio de Janeiro: Campus, 1977.

MÉNÉTRIER, Jacques. *A medicina das funções*. Lisboa/São Paulo: Organon-Biopress, 2000.

MINDELL, Earl. *Vitaminas: guia prático das propriedades e aplicações*. São Paulo: Melhoramentos, 1996.

NATUREZA E BELEZA. "Receitas naturais para fazer em casa". São Paulo: Nova Sampa-Editora. Número 1, 2012.

NOUVELLES ESTHÉTIQUES, Les. "Estrias". Abril 2012.

NOUVELLES ESTHÉTIQUES, Les. "Manchas de pele". Agosto 2011.

PHARMA NOSTRA, Laboratório. *Nas frutas, uma nova fonte da juventude*. Células-tronco. Edição 24, 2011.

PHARMA SPECIAL, Laboratório. *Fonocosmética*. Publicação informativa matéria-prima Opala Powder. 2012.

PROJETO PLATANO. "Medicina Natural – Squaleno – Óleo de fígado de tubarão". 2003.

SAAL, Bernard. *A força suave dos oligoelementos*. Lisboa: Organon Biopress, 2004.

STIENS, Rita. *La vérité sur les cosmétiques*. Paris: Éditions LPM, 2001.

www.projetoplanaldo.com.br

www.dietaecia.com/2011/05/22 – Dieta Frances – Pierre-Dukan

www.Dietga e beleza.com/dieta da banana matutina

www.Dsconto.com/dieta da lua /veja como funciona.

www.Pt.Scrtibd.com/doc/11897647/A dieta das 3 horas

www.melhoragora.org/2009/01/31 para ervas

YOU BRASIL, revista. "Na onda dos íons". Junho 2009.

Este livro foi composto em Minion
para a Editora Planeta
em setembro de 2012.